上海市教委科技创新重大项目（2017-01-07-00-03-l
国家自然科学基金项目(71874027)资助

城市创新动力研究

——以上海市为例

Research on the Driving Factors of Urban Innovation
—Taking Shanghai as an Example

姜婉星◎著

经济管理出版社

ECONOMY & MANAGEMENT PUBLISHING HOUSE

图书在版编目（CIP）数据

城市创新动力研究：以上海市为例/姜婉星著．—北京：经济管理出版社，2021.5
ISBN 978 - 7 - 5096 - 7976 - 0

Ⅰ.①城…　Ⅱ.①姜…　Ⅲ.①城市经济—国家创新系统—研究—中国　Ⅳ.①F299.2

中国版本图书馆 CIP 数据核字（2021）第 094149 号

组稿编辑：陈　力
责任编辑：高　娅
责任印制：黄章平
责任校对：张晓燕

出版发行：经济管理出版社
　　　　　（北京市海淀区北蜂窝 8 号中雅大厦 A 座 11 层　100038）
网　　址：www. E - mp. com. cn
电　　话：（010）51915602
印　　刷：唐山玺诚印务有限公司
经　　销：新华书店
开　　本：720mm × 1000mm/16
印　　张：11. 75
字　　数：162 千字
版　　次：2021 年 6 月第 1 版　　2021 年 6 月第 1 次印刷
书　　号：ISBN 978 - 7 - 5096 - 7976 - 0
定　　价：68. 00 元

前　言

本书围绕城市创新理论、国家创新系统和城市创新系统等理论角度，并基于长三角和上海市城市发展实践及深度调研，在新形势的背景下，首先对上海市创新动力的体系进行了初步构建，发现上海的创新动力对空间或区域上的要素具有重新整合优化作用，创新动力源由"文化＋"要素体系、科创要素体系、创意人才要素体系、生态全要素体系等组成。后文围绕新形势背景下上海市新型创新动力出现和动态演化展开研究。

本书主要结论是：

第一，构建了上海未来的创新动力体系：区域空间要素体系创新动力、创意城市经济体系创新动力、科技创新要素体系创新动力、城市生态全要素体系创新动力和创意人才要素体系创新动力。

第二，根据伦敦、巴黎、纽约创新"核"动力定位，分析长三角空间区域、上海城市未来"核"驱动战略定位。

第三，使用问卷调研与分析的方法，收集分析上海科创中心的创新理念与创新文化建设的关系。针对创意人才集聚效应的问卷，得出针对创意人才动力的提升应该营造创意环境。

第四，上海城市全要素创新动力建设中存在着锚固效应、弹性效应、耦合效应和扩散效应，针对性需要政治治理、经济治理和人文治理。

目　录

第1章 绪 论

1.1 研究背景与研究意义

1.1.1 研究背景

上海作为中国经济发展程度和城市管理水平较高的城市，其肩负着"海纳百川、追求卓越、开明睿智、大气谦和"的重要历史使命。在区域角度，上海作为长三角城市群的核心城市，虽然享受这些国家政策[①]高度重视和关注，但与其他世界级城市群比较来看，还是存在不小的差距。针对上海这样的超特大城市的创新动力研究不单单是解决一个城市自身的发展，区域上它更多的是对长三角城市群、长江经济带、长三角一体化示范区等"结合体"上的辐射和示范作用，对区域优势资源如何高效协同，对产业如何提升集群

[①] 近十年来，国务院和国家有关部委先后出台《关于进一步推进长江三角洲改革开放和经济社会发展的指导意见》（2008 年）、《长江三角洲地区区域规划》（2010 年）、《长江三角洲城市群发展规划》（2016 年）、《长三角一体化发展行动纲要》（2019 年）等一系列重要文件，不断完善长三角一体化的顶层设计和制度安排，推动长三角一体化进入"快车道"。

化程度和产业创新水平、与世界城市群相比如何提升综合经济竞争力和规模集聚效应等。

《长江三角洲城市群发展规划》（以下简称《规划》）明确提出，到2020年，长三角城市群基本形成经济充满创新动力、高端人才汇聚、创新能力跃升、空间利用集约高效的世界级城市群框架。《规划》第一次提出，要建设长三角世界级的城市群。同时，《规划》将上海定位为"全球城市"。《长三角一体化发展纲要》中也指出，提升上海服务功能。面向全球、面向未来，提升上海城市能级和核心竞争力，引领长三角一体化发展。围绕国际经济、金融、贸易、航运和科技创新"五个中心"建设，着力提升上海大都市综合经济实力、金融资源配置功能、贸易枢纽功能、航运高端服务功能和科技创新策源能力，有序疏解一般制造等非大都市核心功能。形成有影响力的上海服务、上海制造、上海购物、上海文化"四大品牌"，推动上海品牌和管理模式全面输出，为长三角高质量发展和参与国际竞争提供服务。随着上海经济进入新阶段、面临一系列新的突出矛盾和主要问题，上海城市未来的创新动力系统构建与发展不可避免地面临着新的挑战。上海的经济功能在世界基本上可以处于领先地位，但是上海的非经济功能，如生态环境、公共服务等在世界上排名均较为落后，与城市发展不相匹配。因此，上海城市未来的创新动力系统构建必将成为上海经济创新动力发展中的重要问题之一。我们对上海城市未来的创新动力研究工作也是上海经济建设与社会发展的需要。

（1）上海经济建设研究需求。

第一，在我国及上海经济进入新常态、面临一系列新的突出矛盾和主要问题的环境下，上海城市未来的创新动力系统构建与发展不可避免地面临着新的挑战。"上海城市未来的创新动力系统构建"必将成为上海经济发展中的重要问题之一。因此，对上海城市未来的创新动力研究将会对上海的文化产品和服务的生产与供给，以及文化创意产业供给结构的调整具有重要意义。本书研究既有利于实现上海文化创意产业合理化和高度化发展，进而启动其文化内需，也可为打造上海文化创意经济发展新动力提供有效的路径指引。

第二，上海在金融方面具有较强的优势。但其也有显著的经济要素短板：如产业布局过于集中于城市中心，使周边区县的发展失衡；GDP 的增长过于依赖土地出让和房产交易，使创业成本过高等，这些问题的存在都需要大量的、创新的经济创新动力元素注入，来激活上海城市未来的经济新创新动力。因此，也需要对上海城市未来的创新动力进行研究。

第三，当前上海人才发展存在人才质量提升慢、产业结构优化慢、成果转化慢、政策落实见效慢等一系列问题。创新型的人才喜欢具有创新动力的城市，而创新型的企业追逐的是高质量的人才。所以，上海未来发展要关注"城市创新动力"，通过完善非经济功能来成为全球创新动力城市，以提升上海在国际上的创新动力和竞争力。上海当下最紧缺的人才是高端的创新人才，然而，上海城市未来的创新动力构建恰恰可以有助于优化上海的人才结构，满足其经济发展的创新型人才需求。

（2）上海社会发展研究需求。

第一，上海文化软实力的提升和文化创意产业的发展均离不开上海城市未来的创新动力新体系。我们都知道经济与文化转型往往具有同步性，在上海的社会经济转型过程中，人们的文化素质的提高和文化消费的增加与经济的发展是成正比的。在以前的上海文化市场，文化商品只要具有基本的使用功能就可以了，但是当今的文化市场经济与社会需求，要求商品还要具有文化价值及创新价值。因此，今后的上海文化创意产业的发展需要注入更多的文化创新动力元素。

第二，只有舒适的、适宜人们居住的美好城市空间，才可以吸引广大的优秀创意人才居住和生活。上海具有良好的社会保障和便捷的城际交通，但空间创新动力具有明显的劣势，如房价高涨、市内交通拥挤、高端教育资源稀缺、医疗机构人满为患等。简言之，就是上海存在城市功能碎片化的问题，这些破损和碎片化问题需要我们用空间重构的思维去考虑上海的空间规划。因此，在新的发展时期，上海城市空间面临着重构。上海社会的可持续发展需要提升人们的工作和生活环境。我们有效提升上海城市未来的创新动力体系的构建可以大大满足上海社会健康、持续繁荣发展的需要。

第三，上海打破各区域间的基础设施不可共享的制约，努力构建网络化、多中心、扁平化的基础城市体系，需要城市的创新动力体系构建。

第四，上海本就是在文化包容中发展起来的，未来必须也要进一步提升对世界文化的包容能力。上海人们需要积极地学习先进的文明秩序和道德习俗，不断地提高其居民素质，进而提升上海城市的新创新动力。

总之，研究上海城市未来的创新动力系统构建有利于促进上海经济与社会的协调发展和完善上海的经济与社会结构。上海城市创新动力基因需要更好地培育、创新动力要持续拓展与创新、创新动力资源要快速集聚与联动、创新动力环境需要改善优化、创新动力效能需要全面释放。本书在研究上海城市未来的创新动力系统构建时，发现可以推动形成上海城市创新动力元素不断涌流、城市创新动力全面迸发的新形势。用创新推动上海城市创新动力充分释放，需要我们不断地转换城市创新动力思维，关键是要丰富城市创新动力的文化内涵，重点是创新城市创新动力范式，根本是上海城市未来的创新动力系统。我们积极地研究了上海城市未来的创新动力系统构建，一定会助力上海城市发展，在多元创新动力效应的影响下，上海一定能以创新动力国际大都市的崭新形象屹立于世界。

1.1.2 研究意义

上海城市创新动力的研究是一项系统的工程，急需上海创新动力的机理与机制的研究，通过理论的研究可以全面提升上海创新动力的"顶层设计"

能力。通过理论的研究也可以帮助政府及企业发现当下上海创新动力建构的众多缺陷,明晰上海创新动力的实践路径,进而实现上海创新动力构建的理论与实践相互结合。

研究上海城市创新动力,有利于上海顺应世界多极化、经济全球化深入发展的趋势,全面参与国际科技经济合作与竞争,加快"四个中心"建设;有利于挖掘上海各个部分潜在的创新动力因素,如科技、文化、制度等,促进上海城市建设;有利于探索上海创新发展新理念,深化上海改革,全方位地提升上海城市发展的新创新动力,促进上海的可持续发展;有利于上海城市精神的建设,上海创新动力是其城市精神的一部分,是上海市民认同的精神价值与共同追求。

1.2　研究内容、研究方法与创新点

1.2.1　研究内容

上海城市创新动力的建设是一项复杂的系统工程,需要空间创新动力、文化创新动力、科技创新动力、人才创新动力、生态创新动力五大创新动力因素的相互融合与作用,形成一个完整的上海城市创新动力新系统。本书希望促成上海创新动力新系统的形成,这将极大地有利于发挥其机理的指导作用,促进上海城市创新动力体系的构建。本书的深入研究也将会不断地完善这个要素系统。

本书的研究技术路线如图 1 - 1 所示。

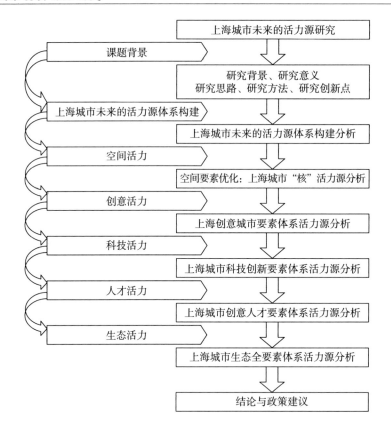

图 1－1　本书研究技术路线

资料来源：根据研究需要，设计得出。

1.2.2　研究方法

本书主要运用了实地调研法与对比分析法，通过对上海城市创新动力的现状进行实地考察，并运用对比分析法来比较国内外城市创新动力与上海城市创新动力的构建异同，来解决上海城市创新动力建构中的实际问题。

1.2.3　研究创新点

本书基于国内外学者研究，通过对上海城市发展史的梳理和借鉴国际大都市成功的经验，做出贡献和探究创新研究：在国内率先总结归纳了城市创新动力的五大要素及体系构成；总结分析了上海城市创新动力的制约因素；建立了上海创新动力的顶层设计体系；探究了上海城市创新动力的实现路径。在此基础上形成了一个整体系统方案，此方案可以为上海地方经济社会发展提供决策咨询。

第2章 城市创新理论及研究方法

　　知识经济需要城市创新，而创新（Innovative or Creative）的城市则是孕育知识经济的地方。增强城市创新能力是推动我国区域经济增长和国家可持续发展的有效途径。在发达国家城市的发展实践中，创新问题已然成为城市发展的不竭动力和制胜关键。因为城市创新动力程度反映的是区域经济协调能力、国家政策红利效应和政府管理治理能力。

　　从城市系统的角度来看，城市本质上就是一个开放复杂的巨系统，研究城市创新的动力问题就要分析其内部运行机制，其中最核心的机制是影响城市的创新驱动力的问题。随着我国城市化创新驱动发展迅速，影响城市创新动力子系统的数量和种类也在日新月异地更迭。这些子系统包括政治、经济、文化、环境等在内的复杂巨系统，而根据不同城市结构和发展战略目标不同，城市系统之间也存在巨大差距，以系统性的复杂科学视角来甄别城市子系统间的协同程度和发展状况。

2.1　城市创新的理论追溯

城市创新相关理论可以追溯至国家和区域创新系统的研究。从宏观层面来看，城市创新离不开国家战略和区域内外部资源的带动，在国家和区域创新系统的动力及其影响机制问题上，引起了海内外的学者关注。基于不同城市（Therrien，2005）的问题种类和发展战略不同，理论的关注点可以将城市创新问题系列研究归结为产业空间集聚（Kerr，2010；Malmberg，1997；Fan，2003）、城市经济结构（王国刚，2010；Errichiello，2014；于斌斌，2015）、科技创新问题（Davelaar，1997；Simmie，1998；Kontokosta，2015）、文化与政治（Macleod，1996；Briggs，2001；Liu，2012）等。

2.1.1　国家创新系统

新古典经济理论在演化、制度和新熊彼特理论上都论证了国家创新系统的形成。本节将围绕国家创新系统（NIS）的概念、结构目标和功能方法，并基于这些方法研究的优缺点为城市创新系统理论提出一些替代方法。

国家创新系统的概念涵盖了创新过程中的所有要素，包括组织、社会、政治和经济要素。这个概念被广泛适用于区域、国家和国际层面（Edquist，2010；Sharif，2006），认为国家的创新来源于技术上的根本性创新。第一个使用新古典经济学模型（Solow，1957；Uzawa，1964）的文章，分析了国家经济增长的根本原因、实物资本和劳动力带来的结果。但是从新古典经济学出现以来，国家和区域的经济转型问题也越发明显，所以在经济转型的模型中，面对实物资本收益递减规律，长期增长变得不可能，长期的经济增长受到一个广泛因素的限制：劳动力资源增长率。因此，许多研究者逐渐认为技术进步是经济增长的主要来源。

关于创新动力的研究出现于国家层面（Freeman，1995），将国家创新系统定义为"公共和私营部门中的机构网络，其活动和互相激发、引进、扩散新技术"。Freeman 更关注国家创新和技术领域方面的研究，为传统经济学的研究注入了创新动力。他在研究日本的创新发展时，提出日本经济崛起归结为四大要素，分别为企业的研究与开发、政府的政策引导、教育与培训以及国家产业结构的合理性，说明了一个国家技术水平的提升实质上是国家创新系统演变的结果。

随着学者的深入研究，国家创新系统的概念将经济体发展问题和不均匀的产业特征进行了进一步的拓展。从微观层面来看，Lundvall 将各种社会经济因素的作用及其相互关系纳入创新体系的研究中，将用户与生产商、企业与供应商之间的知识溢出过程置于创新形成的分析中来。这些因素源于社会经济系统，一方面包括共同的文化以及现有的价值观和制度，另一方面包括学习、创新和竞争力。一般文化程度越高，内部安排长期互动培训、组织系统内的文化和沟通差异缩小，容易培养创新活动的规模和成功可能性。从知识的角度来看，Nelson（1993）认为，技术知识的经济效用在于知识的应用中能够让创新转换成价值。NIS 是一个"国家研发系统，组织机构间的合作决定了国内企业创新活动效率"。这个观点关注影响创新系统的决定要素是知识创造扩散的支持性机构和制度规制的设定。

总体来看，Christopher Freeman、Bengtåke Lundvall 和 Richard Nelson 是国家创新系统概念的提出者，这些概念旨在帮助形成一种新的研究方法，以确定国家以创新为基础导向的发展路径。这一研究方法不仅回答了经济理论提出的问题，而且更具有可操作性，集中制定并解决在创新发展中公共政策措施制定和影响问题。但国家创新系统的研究方法有其局限性，国家创新系统是一个作为政策分析工具的分析方法，但在发展中国家或发达国家中，商业环境、知识创造和知识扩散等创新活动的分析能力不够深入。尤其在面对大国公共政策制定实施中不能确定具有负向影响的所有因素，及时制定政策去消除公共政策的失衡，对于领土较小的国家比较适用。

2.1.2　区域创新系统

在经济全球化的趋势下，资源扩散外溢式的流动正突破国家和区域的地理边界限制，表现出了向地区区域集聚的强劲态势，区域经济带来的创新效应也在一定程度上取代了国家创新系统，逐渐成为地方经济创新动力的空间载体。国家创新系统让位于区域创新系统，区域创新系统成为学界关注的区域发展问题的新空间载体。随着研究深入，国际层面对创新能力的研究是不适当的，因为创新能力和绩效差异不仅体现在国家之间，更应该体现在同一个国家的不同区域之间（Feldman，1998；Fritsch，2002）。

区域创新系统作为一个分析框架，比较开放、灵活，具有丰富的内涵。但是，如何定义"系统"，如何界定其边界，仍然是比较模糊、尚不清晰的问题，这给在创新系统框架内进行实证分析带来了很多困难。

Cooke（2001）认为，区域创新系统是地理上相互分工与关联的生产企业、研究机构和高等教育机构等构成的区域性组织体系，并通过这种体系支持产生创新。

我国虽然是发展中国家，但发展模式与西方模式不同，中国改革开放以来向市场经济转轨，我国区域创新系统也经历了巨大变化，其中最主要的问题是区域之间发展的差异带来了创新系统结构性的变化。对区域创新系统的研究，李习保（2007）认为，导致我国区域创新能力差异日益扩大的原因主要在于不同地区之间创新效率差异的扩大，而影响创新效率的因素包括区域创新主体的构成、政府的支持以及与工业结构有关的创新环境。

2.2 城市创新动力界定及结构

2.2.1 城市创新的界定

综观国内外现有研究，关于城市创新的内涵尚未有统一的界定。国内学者主要以城市创新主体、创新要素、发展模式、城市创新系统和城市创新特征为角度对创新型城市内涵进行界定，这种界定方式更注重从微观层次强调拥有创新要素的创新主体在创新型城市建设方面的重要性，缺乏对城市创新行为综合宏观的定义。而国外学者对城市创新界定采取多角度研究，往往是在对现有创新型城市成功经验的总结后得出有针对性和个性的创新型城市的定义，因此缺乏普遍性，无法对所有的内涵进行解释。国内外对城市创新的界定如表 2-1 所示。

表 2-1 城市创新的国内外代表学者界定

界定方向	国内学者	国外学者	主要观点
通过构成要素界定	张鹏（2018）、马池顺（2013）、林云（2007）	Franzel（2008）、Dvir（2004）	创新要素集聚是实体经济发展、资源配置效率提升和经济动能优化的关键
通过发展模式界定	陈建军（2016）、吴忠泽（2006）	Anthopoulos（2016）、Lin（2010）	通过决策判断，找到最适合城市创新发展的模式（如商业模式、生态模式、数字化模式）
通过系统角度界定	马池顺（2013）、段杰（2017）、赵黎明（2002）	Pumain（2012）	从城市发展的结构性和阶段性对城市创新动力演化机制进行界定
通过特征角度界定	王丽丽（2011）、牛欣（2013）、马海涛（2013）	Zygiaris（2013）、Athey（2007）	民族文化、城市战略和产业人才的集聚，促成不同的城市创新特征

尽管国内外学者在对城市创新行为界定时，存在一定分歧，但是都强调创新资源集聚和创新能力提升并达到一定高度，是一个城市迈向创新型城市的关键。由于提供城市创新驱动的资源禀赋不同，学者对创新的认知判断也会有所不同，有学者认为高质量发展阶段的城市是以人类智慧为基础的创新活动推动城市发展及社会进步的新型城市，它是城市经济和社会发展达到一定程度之后，通过城市创新活动，提高城市创新资源聚集度，增强城市创新能力并达到一定高度，使创新成为城市发展的核心驱动力的城市。

2.2.2 城市创新动力的主体

随着新科技革命，特别是互联网和人工智能时代的到来，更进一步突破了地理环境和自然条件对城市发展的影响，使创新成为城市腾飞最为核心的驱动力。创新就像城市的心脏，决定着城市的律动，或强大，或衰竭。

张省等（2012）认为，城市创新系统具有五大创新主体，企业是最重要的创新主体，政府、大学、科研机构、中介服务机构是其他四个创新主体。基于城市知识流动的系统化角度，解释城市创新动力的主要主体间（政府部门、企业组织和高等研究机构）知识协同运作的过程（见图 2 - 1）。

（1）城市企业创新主体。据统计，现在全球统计，世界上拥有 6 万多家跨国企业，它们掌控着 90% 的世界技术转移和 80% 的投资，企业已成为掌控地区间经济差距的深层原因。企业成为创新主体，主要体现在：在研发投入上，利用产品销售收入进行创新；在研发开发活动上，快速调整反映市场的个性化、差异化和多元化需求；在利益分配上，培养企业所需的人才和更新装备；在科技成果转化上，企业通过这样的创新活动将创新设计转化为产品。

（2）城市高校及科研机构创新主体。高校及科研机构作为城市创新主体之一，是城市创新活动的主力军，在创新活动中发挥重要作用。其主体体现在：在创新人才培养上，输出高素质的人力资源，吸引风险投资和人才的集

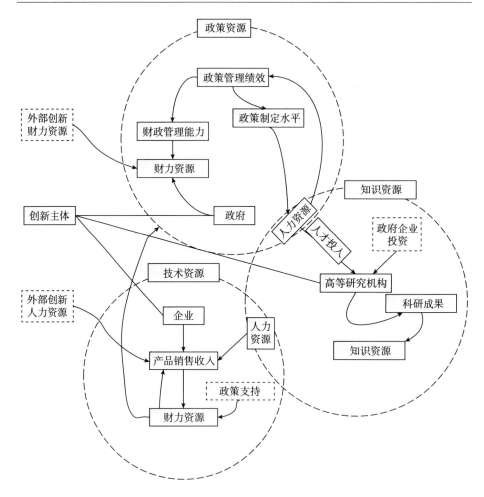

图2-1 城市创新动力主体系统示意

资料来源：研究通过需要设计。

聚；在自主创新上，高校和科研机构的知识外溢为企业技术创新提供了帮助；在校企合作上，通过技术市场的交易为企业技术创新提供技术指导。

（3）政府创新主体。地方政府在积极营造区域发展的创新环境、促进创新网络的形成与完善、有效规范地方市场行为及挖掘区域内潜在创新资源方面发挥着不可替代的作用。其主体行为体现在：维护企业科技创新环境、政府投资行为引导城市产业、为创新主体间提供沟通、规划营造法制环境和构建就业环境。

2.2.3　城市创新动力转变

当前，我国经济已由高速增长阶段转向高质量发展阶段，正处在转变发展方式、优化经济结构、转换增长动力的攻关期，国际环境也发生了复杂深刻变化。

结合新的内外部形势和城市创新主体，城市创新动能的纵深转变升级，成为一个"必选项"。从西方城市发展经验来看，影响城市发展创新动力的资源禀赋，正在发生巨大转变，其中从传统意义上影响技术创新、要素创新、禀赋创新都发生着变化。近几年，我国发展长三角城市群、粤港澳大湾区、丝绸之路经济带等区域融合战略，正以"世界级城市群""经济带""都市圈"的新空间经济发展模式告诉世界，我国从一定意义立足城市的资源禀赋不同将内外部要素资源进行重新整合协同，使城市在区域发展中焕发新的创新动力。

创新和各个动力要素资源的关系是什么？创新赋予了人类成果商品化、市场化、产业化、规模化等新的附加属性。20 世纪末，创新通过技术革新推动城市主导产业的更新迭代，城市经济发展的驱动力在经历了要素驱动、产业驱动和投资驱动之后，转变为以知识技术、人力资本、创新文化为核心的创新驱动城市内高科技创新、文化艺术创新活动取代了原有的农耕、生产制造和低端服务产业，推动着城市经济增长方式的转变和产业结构的高级化发展。创新作为城市经济、人文、社会、文化发展水平的衡量指标已经成为城市创新动力的新驱动。现代城市的创新动力随着技术和知识的革新，正在发生着根本性转变：

（1）城市制造动力转变——从智能制造到智能智造。发达国家提出建设创新型城市，其之所以最先提出建设创新型城市正是因为它们意识到通过生产制造业推动城市经济发展的经济增长方式已经导致人类社会对自然资源和环境的索取、破坏达到了无法弥补的地步，城市面临着环境恶化、自然资源枯竭等问题，城市发展陷入衰退的困境。西方国家为了保护生态环境，城市传统制造业的内耗达到了无法弥补的地步，为了改善生态环境和自然资源枯竭，只有关键产业——制造业的转型升级才能消退城市溃败走向。

城市创新的动力离不开工业的崛起，我国作为经济体量成长速度最快的发展中国家，离不开改革开放以来"中国制造"的标签。"中国制造"已经上海市经信委发布《关于上海创新智能制造应用模式和机制的实施意见》，将智能制造作为"上海制造"向"上海智造"转变的主攻方向，提出实施智能制造应用"十百千"工程。这些工程主要集中在：第一，上海正培育10家引领性系统解决方案供应商满足制造业的智能转型；第二，建设100家示范性智能工厂，对离散型智能制造、网络协同制造等新模式丰富和完善；第三，针对传统制造业推广应用数字化技术、智能制造装备，在示范企业的引领带动下，1000家左右规模以上企业实施智能化转型。中国推行的从"制造"到"智造"的转向，并不是替代或否认中国制造，而是结合实际国情、人口红利、产业结构对复杂社会系统的重新调整，挖掘创新动力潜能，开发创新动力源泉。

（2）城市文化动力转变。随着创意产业的发展，这些全球城市的文化功能又被赋予了新的内容，创意即创新，创新是经济增长的新增长极。不同城市的文化、创意、城市发展与城市创新之间存在互动机制与实践推进举措，欧美国家在文化创意产业上的成功实践，为城市旧工业区带来了新创新动力，将资源禀赋推及"创意+""科技+"，为城市经济增加新增长点。

全球城市正从历史文化名城向文化创意中心转变，文化创意产业赋予传统历史文化新的定义。瑞典马尔默规划核心是对西部海港区的荒废区域进行重建工程，目标将马尔默变成21世纪的知识中心和生态城市。随后在城市规划师的领导下，若干个项目被同时实施来实现这一愿景。1996年提出的区域改革文件中，明确了下放有关经济和城市事项的权力。首先城市营销团队 MINT（几个市政委员会组成的协会，负责市场营销、信息、商业和旅游业）和城市文化机构（马尔默歌剧、马尔默交响乐、斯科地区舞蹈剧院和马尔默大剧院）联合，共同起草关于马尔默统一的文化构想。一直以来，北欧国家都将文化政策纳入社会民主的福利模式中（Lindeborg，2013）。马尔默的成功改造可以归结为，富有远见的决策者、创新综合的城市和文化战略、文化资源可利用性、委员会联合文化项目开展等。2011 年东京推出《十年后东京 2011 行动计划》，指出要将动漫文化和其相关的节庆、会展、观光、旅游等行业作为提升东京文化魅力和产业能力，促进东京城市文化软实力发展的重要手段。动漫产业在东京的发生与发展，构成了东京城市文化外在显现的重要表征，展示了东京城市文化的多样性和国际前沿的文化视野。

Mumford（1940）在《城市文化》中指出："仅仅从城市的经济基础层面是没有办法去发现城市的本质的。因为，城市更主要的是一种社会意义上的新事物。城市体现了自然环境人化以及人文遗产自然化的最大限度的可能性；城市赋予前者以人文形态，而又以永恒的集体形态使后者物化或者外化。"他认为"城市是文化的容器"：城市的文化运行产生出人类文明，因而城市是文明社会的孕育所，文化则是城市和新人类间的介质。不过 Mumford 似乎更强调城市对自然和文化遗产的重要性。因此，创新首先要打破的就是思想和文化的壁垒。没有文艺复兴、宗教改革，哪来的工业革命、科学革命？现在很多人在谈及创新要素时更多地集中在资源、人才、教育以及社会结构方面，这固然重要，但绝不能忽视文化的决定性意义。否则，就不能解释为什么一些国家和地区一直走在创新的前列，而有些国家和地区只能蹒跚而行。在我们看来，文化的不同造成了城市创新的迥异，城市创新的根本有赖于文化的驱动与支撑。

目前，国内外的文化创意产业为城市中闲置的工业遗址注入新的创新动力[1]，使荒废工业厂房、废弃仓库、老工业基地得到了"脱胎换骨"的变化，焕发新的创新动力。经过改造的文化创意产业园区，承载着"园区、景区、社区、街区"的城市治理的单元功能，改造成众创空间、生态园林街区、文创 + 社区、文化商业街区等种种文创 3.0 的载体，最终成为城市时尚新地标和旅游目的地。

文化创意产业区的发展使制造业、生产性服务业和文化创意产业区之间形成合作，形成产业结构的多样化发展，从而赋予了城市巨大的竞争优势。如文化创意产业区中的研发实验室，可以利用大都市巨大的人才市场和当地的生产企业制造出一批开创性的新产品，然后利用城市广告和市场营销等服务公司出售产品。这种在文化创意产业区内形成的协同作用促使企业之间保持深度研发，并与地方劳动力市场紧密联系。因此，文化创意产业区的生产依赖于生产性服务业，并有与毗邻生产性服务业集聚的趋势。

（3）城市人才动力转变。由于全球面临着产能过剩的危机，以智能化、产业化、复合化的产业转型方向已然成为世界各个城市更新的重要发展趋势。但在城市创新动力转向中，人才一直是制约着产业升级转型和又好又快发展的重要因素，城市更新、消费升级成为全球城市经济动力提升的关键。

从人才结构角度来看，传统生产型企业的人才由于产业生命周期和生产技术的制约，已经远远不能满足行业新业态的发展趋势和市场诉求。很多企业通过注入资金进行行业转向，引进多元复合型人才满足市场变化和客户需求。以信息产业、创意产业和传统产业间的人才结构调整为例。新三大产业之间的逻辑关系是：创意产业常常借助传统产业的形式，以信息产业的面貌出现；创意产业决定信息产业的内容，信息产业一方面以传统产业为基础，另一方面又带动传统产业的升级。

---

[1] Yigitcanlar T. , Velibeyoglu K. Knowledge - based Urban Development: The Local Economic Development Path of Brisbane, Australia ［J］. Local Economy, 2008, 23（3）: 195 - 207.

·18·

以上海对文化人才的关注来看，在"文创 50 条"①的总体战略指引下对人才引进上新政频频。这种动力转变体现在文化创意产业对上海 GDP 贡献率逐渐增长，且"科技 + 文化"发展已成为上海国民经济中的重要支柱型产业。具体针对高端人才、青年人才和专业人才繁荣文化产业已经提升到文化强国的战略高度，我国先后确立了国家文化产业示范基地、国家网络游戏和动漫产业示范基地以及国家文化与科技创新示范基地，旨在以先进地区的示范经验带动一片、辐射全国。

文化创意产业区在中心城区内形成以头脑经济为主的创意产业发展群体和社区，再次使这些具有重要区位价值的中心区域获得主导产业优势。这是因为创意群体是高素质和高收入人群，代表城市现代和未来发展的主导力量。因此，他们在城市的中心区域生活和工作，正是反映了城市产业发展的未来趋势，突出了区域的主导产业优势对大都市核心经济结构调整的作用。

本章小结

当前关于城市创新系统动力、创新型城市的研究很多，而对城市创新动力问题，多以面板数据的方式进行计量分析，极少聚焦在某一个特定的城市系统内部对经济新动能问题进行研究。本章从全球城市创新系统和创新动力嬗变做了理论和实际相结合的分析，城市创新动力的变化也随着时间推移产

---

① 2017 年 12 月 14 日，上海市出台的《关于加快本市文化创意产业创新发展的若干意见》（以下简称"文创 50 条"），围绕着力推动文化创意产业重点领域加快发展、构建现代文化市场体系、引导资源要素向文化创意产业集聚提出的 50 条举措，重点聚焦了影视、演艺、动漫游戏、网络文化、创意设计、出版、艺术品交易、文化装备八个领域。"文创 50 条"，明确提出了总体战略目标，即未来五年，上海市文化创意产业增加值占全市生产总值比重达到 15% 左右，基本建成现代文化创意产业重镇；到 2030 年，文化创意产业增加值占全市生产总值比重达到 18% 左右，基本建成具有国际影响力的文化创意产业中心；到 2035 年，全面建成具有国际影响力的文化创意产业中心。

生一定的变化，如更加注重城市节点控制、突出绿色生态可持续发展、注重科技创新、关注文化创意等。本书基于新时代视角围绕上海城市创新的新技术、新产品、新业态、新模式等新型业态，为后文上海城市创新动力的发展新维度提出一定理论意义上的参考。以城市文化创意为导向，因为文化创意在推动现代城市转型发展、产业结构转型升级、活跃城市文化氛围、拉动城市经济增长和重塑城市精神上都有着其积极作用和重要意义。本书提出的新创新动力设计以上海城市精神为现实基础，设计了"产业空间资源配置、文化创意先发优势、科技创新协同、创意人才集聚、城市生态文明"的五大创新动力建设路线图，为城市创新能力运行提供了积极指导。

在接下来的章节中，将以"上海城市未来的创新动力"为研究主题，结合上海未来城市发展，围绕"区域空间要素体系、创意城市经济体系、科技创新要素体系、城市生态全要素体系和创意人才要素体系"这五个创新要素体系进行构建。

第3章 上海城市未来的创新动力体系构建分析

3.1 上海城市未来创新动力要素构成

3.1.1 区域空间要素体系创新动力

上海文化软实力的提升和文化创意产业的发展均离不开上海城市未来的区域空间要素体系创新动力。只有具有舒适的、适宜人们居住的美好城市空间，才可以吸引广大的优秀创意人才居住和生活。上海具有良好的社会保障和便捷的城际交通，但空间创新动力具有明显的劣势，如房价高涨、市内交通拥挤、高端教育资源稀缺、医疗机构人满为患等。因此，上海社会的可持续发展需要提升人们的工作和生活环境。区域空间要素体系创新动力在上海城市未来的创新动力体系的构建中的作用就尤为突出。

上海需要对城市的空间立体性和平面协调性两个方面进行合理规划，精心打造上海城市特有的创新动力空间环境，让上海城市空间具有海派文化创新动力。做到既要彰显海派特色文化，又要不失现代时尚文化的创意空间设计。只有这样才可激活上海的区域空间要素体系创新动力。上海在加强城市创意空间规划和打造典型文化景观时，需要提升园林绿化率、提升城市公共艺术空间的设计创意能力。建设功能完善、布局合理、海派特色鲜明的城市空间才可提升上海城市未来发展创新动力。

上海城市创新动力体系的构建需要关注、发现城市中出现的新的经济创新动力、文化创新动力、人的创新动力的端倪，认识新创新动力的空间特征，寻找新创新动力的空间变化轨迹；需要创新认识城市空间概念与组织方式，从传统的增量、等级的空间组织模式转向存量的、特色的、网络化的空间组织模式；需要为新功能、新创新动力提供新的空间载体。这种新的功能载体往往具有模糊性，出现多元化、边缘化的特征，如多业共生、多元价值、地域跨界、功能组合等。

3.1.2　创意城市经济体系创新动力

上海城市未来的创新动力体系构建与发展不可避免地面临着新的挑战。创意经济已经成为高附加值、低碳环保的经济产业形态，对于当前上海城市经济结构调整具有十分重要的意义。创意经济的繁荣在改变了上海经济增长方式的同时，也改变了生产力与生产关系，并进一步影响上海的社会结构、生活方式、治理方式等变化。

据上海有关部门统计，2020年上海文化创意产业发展稳健，全年实现总产值20404.48亿元人民币，其中，互联网和相关服务业、软件和信息技术服务业逆势上扬，分别同比增长18%和12.5%，占文化创意总收入的28.4%，在线新经济已成为上海文化创意产业发展的重要力量。文化创意产业的快速经济增长为上海文化城市的建设起到了助推作用，但是上海城市的未来发展还需要源源不断的创新动力注入，才能实现文化创意产业发展成为全市重要支柱性产业的目标。文化创意产业是经济新常态下实现稳增长、调结构、促转型的重要抓手，是推动上海城市未来的创新动力体系构建的关键要素、提高经济发展质量效益的重要途径。

3.1.3　科技创新要素体系创新动力

上海到 2020 年要想真正形成具有全球影响力的科技创新中心的基本框架体系，到 2030 年要想形成具有全球影响力的科技创新中心的核心功能，就必须努力打造科技创新要素体系创新动力。科技创新要素体系创新动力可以围绕建设具有全球影响力的科技创新中心总体目标进行精准定位，部署建设上海张江综合性国家科学中心，建设关键共性技术研发和转化平台，实施引领产业发展的重大战略项目和基础工程，推进张江国家自主创新示范区等。

上海科技创新要素体系创新动力需要上海政府加大投入云计算、大数据、移动互联网等新一代基础软件的研发及产业化的力度；加强云计算、大数据、物联网等新兴信息技术在创意、创新中的融合应用；加快文化创意设计服务的软件支撑，构建服务化、平台化的新型模式；支持形成基于安全可控基础软件、面向行业应用需求的软硬件一体化解决方案，向重点行业和领域拓展应用，打造生态产业链；只有不断发挥上海的科技创新优势，才能加快建成以数字化、网络化、智能化为主要特征的新型智慧创新动力上海。

只有如此，才能完成上海市"十四五"规划和 2035 年远景目标建设的经济目标：聚集"五型经济"（创新型经济、服务型经济、总部型经济、开放型经济、流量型经济）增创经济发展新优势；承接和参与国家科技重大任务、部署战略前沿技术研究、鼓励自由探索，基础研究经费支出占全社会 R&D 经费支出比例达到 12% 左右；城市能级和核心竞争力显著提升，国际经济、金融、贸易、航运中心基本建成，具有全球影响力的科技创新中心形成基本框架；深化文化体制改革，完善文化创意产业规划和政策，促进形成文创产业发展新格局；"四大功能"不断强化，高质量发展深入推进，以服务经济为主的产业结构率先形成，预计 2020 年全市生产总值达到 39000 亿元左右，人均生产总值超过 23000 美元，经济总量迈入全球城市前列。

3.1.4　城市生态全要素体系创新动力

上海因人口、产业、交通的过度集中正面临更大的生态环境压力。上海构建城市生态全要素体系创新动力必须把优化城市生态环境作为其吸引人才的竞争优势，坚持全球城市的环保标准，坚决淘汰低于标准的产业项目和交通工具，统筹推进上海的农业生态园区、森林公园、郊野公园、湿地公园、绿色廊道、城市公园的建设，统筹水资源、水环境、水安全治理，打造天蓝、地绿、水清的新创新动力上海。上海还需要打破各区域间的基础设施不可共享的制约，努力构建网络化、多中心、扁平化的基础城市体系。积极提高上海城市宜居品质的核心地区，是保护与创建海派文化特质，提升城市的山水景观与生态环境品质的重点地区。上海中等收入群体日益增长的休闲消费需求，也需要大量的"文化＋""风景＋""生态＋"的休闲空间。按照上海"十三五"规划目标，加快上海与外省市的铁路、高速公路对接，提升长三角"同城效应"。强化长三角机场群协作，打造上海国际航空大都市。

上海要顺应市民对美好生活的追求，把绿色作为城市核心竞争力的关键要素，切实改善生态环境质量，实现绿色化发展。例如，切实降低 PM2.5 年平均浓度值，这项指标已经写入上海"十三五"规划。2020 年，环境空气质量优良率达到 80% 左右，PM2.5 年平均浓度降低至 42 微克/立方米左右，臭氧污染恶化趋势得到有效控制。上海还计划五年内，将推进外环绿带、黄浦江两岸重点地区绿地、桃浦中央绿地等重点绿化项目建设。打造家门口的"绿地"，让人均公园绿地面积再增加 1 平方米。城市生态全要素体系创新动力不仅要求上海的自然环境绿意盎然，还要使居民享受到健康的餐饮、全面的医疗服务、舒适的工作空间、便捷的城市交通等。城市生态全要素体系创新动力的核心是"全"，就是全方位地激活上海城市未来的生态创新动力。

3.1.5 创意人才要素体系创新动力

创意人才要素体系创新动力可以让上海的创意人才因素与其他因素形成合力，促进上海城市的持续繁荣与发展。上海要落实"以人全面发展为核心"城市创新动力建设的价值新理念。上海应该尊重人的全面发展规律，激活人的内在创新动力，变上海的人力资源优势为人力资本优势，来为上海城市创新动力的建构提供积极动力。

创意人才要素体系创新动力需要强化服务导向，营造有利于文化创意产业创新型人才健康成长、脱颖而出的制度环境。积极推进产学研用合作机制，探索文化创意与经营管理相结合的人才培养新模式，加快培养高层次、复合型人才。扶持相关行业协会、文创园区、龙头企业、高校及科研机构共同建立文化创意设计人才培养基地。加大核心人才、重点领域专门人才、高技能人才和国际化人才的培养和扶持力度，积极用好各类引才引智政策，造就一批领军人才。

创意人才要素体系创新动力的关键是人才。上海需要创造必要的条件吸引国际创意人才；建立发展机制，对能带动整个行业发展的文化创意产业领军人物，实行特殊政策；充分利用上海各类教育资源，积极推动产教融合校企合作，打造多层次、多规格、多手段培养文化创意人才的公共平台，只有如此才可以激活创意人才要素体系创新动力。

3.2 上海城市发展创新动力历史属性及特性分析

3.2.1 上海城市创新动力历史属性分析

上海在中国历史上的影响，可能只有数百年。自 1843 年上海成为通商口岸以后，各国先后在上海设立租界、倾销商品，上海因此也有了"冒险家的乐园"之称，开始了其城市建设的创新动力。

1949年，经过上海历届政府与人民长期不懈的改造和建设，上海成为中华人民共和国重要的工商业基地，展现了其新时期的城市创新动力。

改革开放后，上海的发展可谓日新月异，上海成为中国的经济、金融、科技、信息、文化中心，走向国际化的创新动力源不断地迸射出来。总之，上海的创新动力是伴随上海的发展不断地涌现和创新的。因此，研究上海城市未来的创新动力体系构建不能不厘清上海城市创新动力历史。

3.2.2 上海城市创新动力特定时期的特点

（1）1843～1943年。开埠以后，上海很快成为全国最大的城市，直至今天还能看到当时的痕迹，如外滩、南京路、淮海路等。这一时期对上海历史近代化的影响不仅是政治上的、经济上的，更是思想文化上的。这一时期丰富了上海的物质生活，也带来了蕴藏在物质背后的科学创新动力。因此，上海在科学、经济、教育、法律、艺术等方面都已取得了较大的成就，并在文化、科技等方面汇聚中外各种资源，加速了上海大都市的发展进程。

（2）中华人民共和国成立后至20世纪90年代初。中华人民共和国成立后的上海在很多地方发生了变化。首先，原来是商业为主、工业为次，后来发展了工业。其次，上海的区域也扩大了。中央批准从江苏、浙江划进十个县，松江、青浦、上海、嘉定、宝山、川沙、金山、奉贤、南汇、崇明都是1958年划进来的。经过上海历届政府与人民长期不懈的改造和建设，上海又成为中华人民共和国重要的工商业基地。特别是改革开放后的20年里，上海的发展更是创新动力四射，渐渐成为中国的经济、金融、科技、信息、文化中心，一座国际化的现代大都市逐渐形成。

（3）1992年至今。上海城市在这一阶段变化非常大，上海人的文化素质、文明礼仪也都发生了明显改变。到2019年，上海户籍人口是2480万，其中有 1000 万是新上海人，是改革开放以后来到上海的。除了这 1000 万人外，在剩下的上海人当中，论籍贯 80% 以上也是外地来的。由此可见，上海的的确确是一座移民的创新动力城市。20 世纪 90 年代，上海积聚力量，朝着建设国际经贸、贸易和金融中心以及后来又提出的航运中心的战略目标稳步前进，取得了丰硕成果。上海逐步拆除制度和心态的双重围墙，放宽户籍约束，广泛引进人才，大力发展科技，容纳多元文化，迎来了上海的再塑辉煌时期。

以上特殊时期的上海发展特色，我们可以用一张发展图描述一下，如图 3-1 所示。

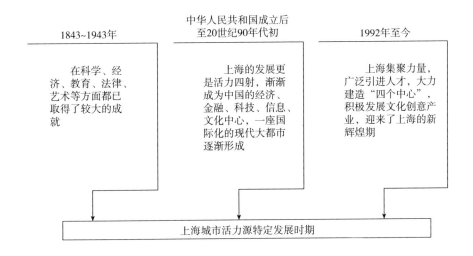

图 3-1　上海城市创新动力特定时期发展

资料来源：根据研究需要，设计得出。

总之，上海应该继续抓住时势，不断求变、求新。上海应该继续坚持"兼容并蓄"的精神，坚持所有的文化、观念、建筑、商品、设计、经济、科技等，都同世界一流的、时尚的水准接轨。上海只有保持开放、移民的历史与海派文化传统，就会迸发新的无限创新动力。这也是上海城市繁华、繁荣的"创新动力密码"所在。

3.2.3 上海城市创新动力再设计逻辑思路

上海城市创新动力的研究是一项系统工程，急需上海创新动力的机理与机制的研究，通过理论的研究可以全面提升上海创新动力的"顶层设计"能力。"创新动力"是城市生命机能得以延续的支撑力，是城市可持续发展的必要条件。本书将城市创新动力分为科技、人才、空间、生态、创意五大方面，其逻辑关系及内容如图3-2所示。

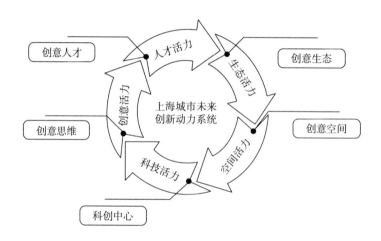

图3-2 上海城市创新动力循环新系统

资料来源：根据研究需要，设计得出。

上海城市创新动力的建设是一项复杂的系统工程，需要空间创新动力、生态创新动力、科技创新动力、人才创新动力、创意创新动力五大创新动力因素的相互融合与作用，形成一个完整的上海城市创新动力循环新系统。上海城市创新动力循环新系统的形成有利于发挥其机理的指导作用，促进上海城市创新动力体系的建构。

3.3　上海城市未来的创新动力建设路线图

3.3.1　实现"一核五圈四带"引领作用，优化空间要素配置

（1）上海创新动力核心作用。上海城市未来的创新动力建设要实现其引领作用，在长三角城市群中，我们要打造上海创新动力新高地、争创新动力城市的新尖兵、为长江三角洲城市群发展新经济提供创新动力"核"驱动力、构筑上海生态环境新创新动力、创造各创新动力元素联动发展新模式，建设面向全球、辐射亚太、引领全国的新创新动力上海。实现"一核五圈四带"引领作用，要发挥上海龙头带动的核心作用和区域中心城市的辐射带动作用，依托交通运输、创意经济、文化金融等网络培育形成多极多类发展轴线，推动南京都市圈、杭州都市圈、合肥都市圈、苏锡常都市圈、宁波都市圈的同城化发展，强化沿海发展带、沿江发展带、沪宁合杭甬发展带、沪杭金发展带的聚合发展，构建"一核五圈四带"的创新动力网络化空间大格局。如图 3 - 3 所示。

（2）促进五个都市圈创新动力同城化发展。南京都市圈：包括南京、镇江、扬州三市。提升南京中心城市文化创新动力功能，加快建设南京江北新区，加快创意产业和创意人才集聚，辐射带动淮安等市发展，促进与合肥都市圈融合发展，打造成为区域性创新、创意、创业高地和金融商务服务创新动力集聚区。

杭州都市圈：包括杭州、嘉兴、湖州、绍兴四市。发挥创意、创新、创业优势，培育发展信息经济等新创新动力业态经济引擎，加快建设杭州国家自主创新示范区和跨境电子商务综合试验区、湖州国家生态文明先行示范区，

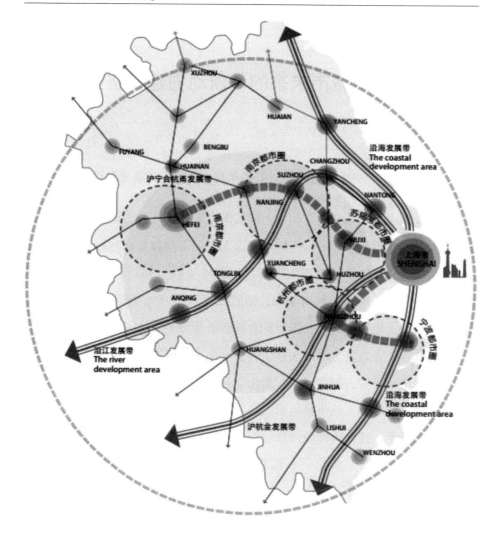

图 3 – 3 上海创新动力在"一核五圈四带"的引领作用

资料来源：根据研究需要，设计得出。

建设全国经济转型升级和改革创新创新动力的先行区。

合肥都市圈：包括合肥、芜湖、马鞍山三市。发挥在推进长江经济带建设中承东启西的区位优势和创新资源富集优势，加快建设承接产业转移示范区，推动创新动力链和产业链融合发展，提升合肥辐射带动功能，打造区域增长新创新动力增长极。

苏锡常都市圈：包括苏州、无锡、常州三市。全面强化与上海的创新动力对接与互动，加快推进沪苏通、锡常泰跨江融合发展。建设苏州工业园国家开放创新综合试验区，发展先进制造业和现代文化创意业集聚区，推进开发区城市功能改造，加快生态空间设计和城镇空间重塑，提升区域发展新创新动力和新形象。

宁波都市圈：包括宁波、舟山、台州三市。新创新动力在起点上建设浙江舟山群岛新区和江海联运服务中心、宁波港口经济圈、台州小微企业创新金融服务试验区。高效整合三地海港资源和平台创新动力，打造全球一流的现代化综合枢纽港、国际航运服务基地和国际贸易物流创新动力中心，形成长江经济带新创新动力支点。

（3）促进四条发展带创新动力聚合发展。沪宁合杭甬发展带：依托沪汉蓉、沪杭甬通道，发挥上海、南京、杭州、合肥、宁波等中心城市创新动力要素集聚优势，积极发展创意经济和创新经济，成为长三角城市群吸聚最高端创新动力要素、汇集最优秀创意人才、实现最高产业发展质量的创新动力中枢发展带，辐射带动长江经济带和中西部地区发展。

沿江发展带：依托长江黄金水道，打造沿江综合交通创新动力新走廊，促进长江岸线有序利用和江海联运港口优化布局，建设长江南京以下江海联运港区，推进皖江城市带承接产业转移示范区建设，打造引领长江经济带临港制造和航运物流业发展的龙头地区，推动跨江联动和港产城一体化发展，建设科技创新动力成果转化和产业化基地，增强对长江中游地区的辐射带动作用。

沿海发展带：坚持陆海统筹，协调推进海洋空间创新动力开发利用、陆源污染防治与海洋生态保护。合理开发与保护海洋资源，积极培育临港制造业、海洋高新技术产业、海洋创意产业和特色创新动力农渔业，推进江海联运建设，打造港航物流、重化工和能源基地，有序推进滨海生态创新动力城镇建设,加快建设浙江海洋经济示范区和通州湾江海联动开发示范区,打造与生态建设和环境保护相协调的海洋经济创新动力发展带,辐射带动苏皖北部、浙江西南部地区经济创新动力全面发展。

沪杭金发展带:依托沪昆通道,连接上海、嘉兴、杭州、金华等城市,发挥开放创新动力程度高和民营经济创新动力活跃的优势,以中国(上海)自由贸易试验区、义乌国际贸易综合改革试验区为重点,打造海陆双向经济创新动力高地,建设以高技术产业和新创新动力物流业为主的综合发展带,统筹环杭州湾地区产业布局,加强与衢州、丽水等地区生态环境联防联治,提升对江西等中部地区的辐射带动能力。

3.3.2 打造"创意城市要素先发优势",形成要素资源可视化

据对全国规模以上文化及相关产业 4.8 万家企业的调查,2016 年上半年,上述企业实现营业收入 36168 亿元,比上年同期增长 7.9% (名义增长未扣除价格因素),继续保持较快增长。

东部地区规模以上文化及相关产业企业实现的营业收入为 27122 亿元,占全国的比重为 75.0%,中部、西部和东北地区分别为 6019 亿元、2554 亿元和 473 亿元,占全国的比重分别为 16.6%、7.1% 和 1.3%。从增长速度看,中部地区增长 12.0%、西部地区增长 9.9%,均高于东部地区 7.1% 的增速,而东北地区继续下降,降幅为 7.0%。如表 3-1 所示。

表 3-1 2016 年上半年全国规模以上文化及相关产业企业营业收入情况

	绝对额	比上年同期增长
	(亿元)	(%)
总计	36168	7.9
新闻出版发行服务	1288	7.1
广播电影电视服务	712	16.4
文化艺术服务	125	19.8

续表

	绝对额	比上年同期增长
	（亿元）	（％）
文化信息传输服务	2502	29.7
文化创意和设计服务	4341	11.1
文化休闲娱乐服务	496	17.8
工艺美术品的生产	6921	3.8
文化产品生产的辅助生产	3920	5.0
文化用品的生产	13842	6.6
文化专用设备的生产	2022	2.3
东部地区	27122	7.1
中部地区	6019	12.0
西部地区	2554	9.9
东北地区	473	−7.0

注：表中速度均为未扣除价格因素的名义增速。表中部分数据因四舍五入的原因，存在总计与分项合计不等的情况。

资料来源：国家统计局文化产业数据统计。

在上海城市未来的创新动力建设的过程中，上海具有自身的区域、经济、金融、科技、文化、创意等众多优势要素资源，应该紧紧把握和运用好这些优势资源，打造上海自己的强势创新动力竞争力，在城市创新动力竞争中成为先行者。只有城市创新动力的先行者才会在国际城市竞争中保持优势地位。打造上海"创意城市要素先发优势"可以为上海带来持久的创新动力竞争优势。

上海还要把各大优势创意城市要素进行积极转换，让各大创新动力要素形成可视化的文化创意资源和文化创意产品，继续推进创意产业园和文化产业基地建设，尤其是促进艺术品、创意衍生品、创意设计产品等新兴领域发展，只有如此才能够实现上海创新动力经济和城市创新动力的健康发展。

3.3.3 加快"科技创新中心"建设，助推城市可持续协同发展

上海城市未来的创新动力建设需要上海加快建设具有全球影响力的科技创新中心，要激活各种城市创新动力，注重强调文化创意与科技创新协同发展的理念，加强创意文化的生产、传播、展现、消费等环节的技术攻关力度，加大市级重点文化工程的科技支撑强度，进一步促进文化创意与科技创新深度融合。只有加快"科技创新中心"建设，才能助推上海各城市创新动力要素间的可持续协同发展。

加快"科技创新中心"建设，上海要提升具有世界一流水平的重大科技成果的数量与质量，积极建设双一流大学，使高等院校和科研机构加速迈入世界领先行列，科研企业要加强研发实力和自主创新能力的提升，提高创新产品国际竞争力，加剧创意、创新人才集聚，打造浓郁的创意、创新氛围，成为全球创意、创新动力新都市。

3.3.4 释放"城市＋生态和生态＋文明"的多元融合叠加创造力

城市是人群聚集的场所，上海的人口密度越高、聚集性越强，对城市与生态的营造要求也就越高。当今社会，随着人们由"生存"向"生活"的变迁，越来越多的城市生态环境被人们需要，功能性、多元化的生态空间显得尤为重要。上海只有释放"城市＋生态和生态＋文明"的多元融合叠加创造力，才能设计出让人感到舒适的公共生态环境。

人与生态有着天然的密切关联，例如，水是生命之源，有着活跃、纯净之意，常被作为空间的创意核心出现。上海可以创造亲水空间，给人们带来生活的乐趣，不但能增添上海公共领域的创新动力，还能吸引人们游玩。因此，"城市＋生态"的理念可以提高上海的创新动力。

在城市的创新发展中，城市文明可以提供创新支撑。上海城市文化创新要有现代视野和国际视野，要突出文化自觉，并增强海派城市文化建设的渐

进性、均衡性、参与性、开放性。对上海来说，分析和定义城市文化需要既坚守"海派文化"观念又应该站在更加广阔的视角，包容科技、金融、文化和艺术等多个维度来探讨城市的文化生态。上海城市文化创新发展要找准方向、寻求突破、在跨界融合中创出海派特色。其实，"生态 + 文明"的理念就是一个不错的提法。上海可以容下多元的世界文化。例如，崇明岛自然的风光、独特的风土人情最易让人联想到的是有"东方夏威夷"之称的济州岛，如同体会韩国文化；走在泰晤士小镇仿佛走在伦敦大街，可以展现英国文化；朱家角古镇流动的清波让人想起水上城市威尼斯的粼粼波光，又别具意大利文化氛围。总之，生态是文明的载体，文明是生态的灵魂。上海的创新动力可以紧紧围绕着"生态 + 文明"旋律展开。

3.3.5 创造"创意人才阶层"形成环境，建设创意人才集聚区

上海城市未来的创新动力建设也需实施创意资源的开源政策，让所有具有创意的人才进入文化创意领域，共享创意资源。所有人都能进入创意领域，有助于提高上海市民的创意素质，刺激文化产品的生产和消费，进而有利于形成上海城市的创意创新动力氛围，也有利于形成上海"创意人才阶层"大环境。上海本就有许多外来移民，文化资源的开放能够帮助他们更好地融入创意生活。同时，这些移民群体往往是移出地区文化的继承者，在享受海派文化的同时，他们也为上海提供着多元文化。正是上海多元的文化氛围和低成本的文化消费吸引了大量国际、国内的青年艺术家和优秀设计师，他们与上海的文化精英一起成为上海未来城市创意阶层最重要的储备力量。上海文化政策应该尝试通过文化产品数字化和门票优惠等政策为年轻人和业余艺术家提供更多的学习和交流机会。让优秀的创意人在上海集聚才能铸造上海未来的创意创新动力。

3.4 上海城市未来的创新动力体系构建政策建议

3.4.1 积极培育创意人才，保证创新动力增质

要实现上海城市未来的创新动力体系建设，关键是培养创意人才。上海可以创造必要的条件吸引国际创意人才；建立激励机制，对能带动整个上海创新动力发展的领军人物或尖端人才，实行特殊政策；充分利用上海各类优质教育资源，积极推动产教融合校企合作，打造多层次、多规格、多手段培养文化创意人才的公共平台。

第一，实施领军创意人才引进计划。采取分层次引进核心创意人才，如海外留学归国尖端创意人才、国内优秀创意、创新、创业人才等具体人才引进计划。

第二，加强创意人才服务体系建设。实施更加开放、灵活的创意人才流动政策，鼓励科研、创意人才到创意企业兼职或创办企业。从解决户籍、住房等基础问题入手加大优秀创意人才的吸引力度。改进海外创意人才居留许可制度。

第三，健全创意人才评价激励机制。完善自主创新和创意成果转化的激励分配机制，加强对创意人才的激励；完善企业股权激励制度，支持创新团队骨干人员以创意知识、创新技术、创业能力等参与收益分配。

3.4.2 传承海派时尚文化，激活时尚文化创新动力

文化是反映城市内涵特质和竞争力的核心资源，上海要建设成为全球国际大都市，如果没有文化这一核心资源，就不可能有国际竞争力。海派时尚

文化是中华文化的组成部分，"海纳百川、追求卓越、开明睿智、大气谦和"的十六字上海城市精神，是对海派时尚文化的最好诠释，是海派时尚文化的内涵特质。上海应该大力发展时尚产业，铸造"时尚之都"。打造既不失海派特色的时尚文化，又彰显现代时尚风韵的新时尚潮流文化。基于上海的纺织、服装制造业优势，进行产业升级，发展国际化的时尚产业。

加强国际时尚文化交流。以中国上海国际艺术节、上海国际电影节、上海国际旅游节、上海电视节、上海国际服装文化节等为重点，打造城市时尚文化名片。培育和引进一批具有时尚行业引领性、集"产业优势、艺术优势、创意优势"于一身的创新动力品牌文化活动。充分借助各国际文化大都市驻沪机构、组织以及上海世博会所搭建的文化联系通道，国际文化大都市之间的交流机制，鼓励和引导世界各国政府和文化机构来沪举办大型时尚文化交流活动。

3.4.3　发展绿色生态环境，建设共享创新动力空间

上海城市未来的创新动力体系建设，需要政府部门积极结合上海市"十三五"规划，紧紧围绕城市绿色发展和城市生态文明建设的目标，深入研究上海建设"全球创新动力城市"的绿色发展之路。各大创新动力子体系的构建还需要政府解读"十三五"规划的绿色、发展、共享理念，努力搭建创意企业之间的沟通平台，使其成为上海创意创新动力、创新动力的新引擎，并驱动其他企业进行合理转型升级。进而带动更多创意企业加入绿色发展的大阵营，只有如此，上海在建设"全球创新动力城市"的进程中才可能营造绿色、发展、共享的良好生态环境。良好的绿色生态环境可以带动上海经济的绿色和谐发展。上海也只有积极发展绿色生态环境，并积极建设"绿色经济"才能提升上海全球城市的创新动力。创造"绿色生态""创新动力共享"的创新动力氛围，可以促进上海创新驱动、转型发展目标的实现，也可以提升上海国际化大都市的城市形象。

3.4.4　海派文化与先进科技融合发展

推动传统海派文化创意产业科技应用与升级，依托先进的云计算、大数据、物联网、虚拟现实等最新科技成果，推动传统海派文化产业与科技融合发展，大力发展和培育动漫游戏、移动媒体、网络电视、虚拟会展、艺术品网络交易等文化科技融合新业态，开发文化科技融合创意衍生产品和服务，不断完善文化创意产业链条。构建文化科技融合承载体系，加快建设海派文化和科技融合示范基地，支持文化科技园、众创空间建设，实施一批文化科技融合重大项目。进一步扩大"核心自主知识产权"和"研究开发活动"认定范围，引导文化创意企业围绕产业发展需要加强研发投入，抢占文化科技制高点。

3.4.5　促进文化消费，引爆创意经济

上海要不断地培育文化消费理念，积极引导时尚健康的文化消费，加强文化消费供给，不断丰富文化消费品类，发挥文化消费对创意经济增长的拉动作用。可以通过政府购买服务、消费补贴等方式，鼓励文化创意企业优化文化创意产品供给结构，引导文化创意企业围绕形式与内容创意、核心竞争产品、衍生创新产品等环节延伸产业链条，支持文化设施运营单位与文化创作、服务机构合作提供全方位的文化服务，建立充分满足居民个性化、多元化需求的文化消费供给系统。创新服务消费方式，深入推动文化消费，加快推进文化创意产品和服务生产、营销、消费的数字化、网络化进程，培育新的文化消费理念。

3.4.6　打造全球性创新动力上海，引领长三角城市群体

从城市创新动力战略层面看，上海应逐渐从长三角、长江经济带、中国的创新动力上海走向世界的创新动力上海。在城市创新动力功能定位、创意

创新动力设计等方面，不应局限于与国内其他省市以及香港地区的攀比，而应顺从时代发展潮流，从全球视角出发，尽快实现从"追随模仿"到"创新动力创新"、从"控制力"到"包容力"、从"中国式"向"世界式"的转变，以承担更多的国际责任，为中华民族伟大复兴、为全世界的和平发展做出上海贡献。建立上海与"一路一带"、长江经济带相关区域的合作框架，加速创意人才双向流动；塑造崇尚先进、创新动力、包容的海派文化氛围，使上海成为海派文化与精英人才会聚之地，成为包容创新动力的国际大都市。

第4章 空间要素优化：上海城市"核"创新动力分析

4.1 国际典型大都市创新动力"核"驱动分析

我们研究一下全球大都市便知，在那些著名的全球城市周围都有一个都市圈，东京有东京都市圈，纽约都市圈包含纽约、波士顿、费城、巴尔的摩和华盛顿五大城市，而大伦敦都市圈是以伦敦—利物浦为轴线。因此，国际典型大都市都发挥了城市创新动力"核"驱动的作用。

4.1.1 伦敦城市创新动力"核"驱动经验分析

伦敦在历史上曾是欧洲乃至世界的工业、文化和知识中心，引领过全球科技创新的一代风潮，可谓发挥过大都市创新动力"核"驱动的巨大作用。当今，伦敦又被世界称为"创意之都"。因此，研究伦敦城市创新动力"核"驱动经验对上海城市未来的创新动力体系构建具有深远意义。

近日，英国独立慈善机构内斯特（Nesta）联合创意英格兰（Creative

England，英国创意产业门户网站），发布了《英国创意地理》（见图 4 - 1）报告，该报告旨在了解英国创意地理及其演变和驱动力，以便更好地发现创意产业对于英国的经济意义，及其在各地区的优势与劣势，并帮助政策制定者更加有针对性地支持创意产业发展。这个报告有利于为上海提升自己的城市创新动力提供一定的借鉴意义。

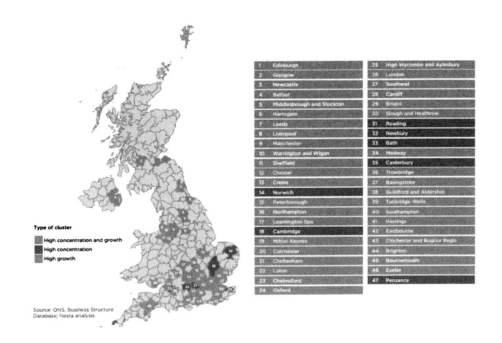

图 4 - 1　英国创意地理

资料来源：英国独立慈善机构内斯特（Nesta）联合创意英格兰（Creative England），英国创意产业门户网站。

英国创意产业的地理分布是多种多样的并且是快速发展的，伦敦和其他创意城市是非常重要的，但是在谈论创意集聚地时一些创意区域往往会被我们忽视。我们需要对这些区域的特色以及其对当地经济的影响有一个更好的了解，这会帮助这些区域能够持续获得更多的人才和知识，从而确保他们苗壮成长。由此可见，上海文化创意产业的发展也应该注重周边区域间的联动作用。随着创意产业企业数量和就业人数的增长，上海的创意地理范围正在不断发展，创意产业在整个城市和各区域中都变得越来越重要。

伦敦作为世界上最有创意的城市之一，它就像一个巨大的创新动力核磁场一样吸引着众多新的想法和新的视角，并且创意源源不断。伦敦之所以一直具有国际大城市的新创新动力，我们大致归纳出以下四条成功经验：

（1）政府积极主导具有创新动力的文化创意产业。伦敦市政府是世界上较早主动推动文化创意产业发展的政府机构，并不断地出台了诸多有利于伦敦文化创意产业发展的相关政策，才使伦敦的文化创意产业蓬勃发展。正因为文化创意产业的发展才使伦敦的城市创新动力不断续写辉煌。这是伦敦城市创新动力"核"驱动的一条重要的成功经验。

（2）注重培养创意创新动力氛围。浓厚的创意创新动力氛围为伦敦的发展提供了良好的外部环境。正是音乐、时尚、电影、艺术、文学和设计等创意活动氛围的多样性，才孕育了伦敦的创意创新动力的诞生。伦敦的设计师善于从伦敦都市文化和其他艺术形式如音乐中汲取创作灵感，令其创意作品在世界时尚界脱颖而出，进而塑造了众多时尚的品牌形象。设计师还积极地从经典的文化遗产中汲取养分，"英伦风"就是新旧结合的时尚设计潮流。同时，丰富的创意活动可以创造创意生活。伦敦不断开展"全民参与"活动，将创意融入普通人的生活。让整个城市凝聚创意氛围。创意氛围在创意空间内的蔓延，为伦敦的城市创新动力"核"裂变集聚了巨大能量。因此，伦敦才吸引了大量创意人才聚集，为这座城市的创新动力注入新鲜的血液。

（3）广泛吸收多元化的创意文化。创意是以文化为依托的，多元文化创新动力是文化创意产业及创意城市发展不可或缺的创新动力元素。伦敦正是注重世界各国之间的文化交流与合作，才可以成功促使不同地域、拥有不同文化背景的创意人才畅通交流。也正是因为伦敦聚集了来自世界各地的时尚、理念、艺术、音乐等文化，才使伦敦的城市创新动力源不断地产生，也因此使其成为全球创意中心。

（4）科学合理的大伦敦规划。伦敦政府在其城市的发展规划过程中，注重将创新动力商业和住宅开发、交通和通信设施以及地方社区团体整合在一起综合考虑。设计师跨领域、跨学科、跨部门协同设计，充分考虑伦敦城市创新动力的展现。在伦敦边界内不侵蚀开敞空间条件下包容伦敦的发展；使伦敦更适宜人居的城市；使伦敦成为经济强劲、多元增长的繁荣城市；促进社会包容性，消除剥夺和歧视；改善伦敦的可达性；使伦敦更具有吸引力，设计出更好的绿色创新动力城市。这样提高了伦敦城市设计的前瞻性、实用性、创新动力性，并将规划落实到每个即将进行的项目中去，做到切实可行，充分尊重业主及相关领域专家的参考建议，针对设计及时更新，大大提高了规划决策的科学性。因此，科学合理的大伦敦规划大大发挥了伦敦城市创新动力"核"驱动的重要作用。

4.1.2 巴黎城市创新动力"核"驱动经验分析

巴黎作为法国的政治、经济和文化核心，可谓是举世闻名的世界文化名城。当今凭借其深厚的历史资源，在文化产业、科技创新和旅游业等方面制定了积极的发展战略，获得了显著的创新动力竞争优势，使其成为全球性的国际创新动力大都市。巴黎城市创新动力"核"驱动的成功经验大致归纳如下：

（1）科学合理的城市规划。20 世纪 70～90 年代经济发展低迷，为重新创造巴黎的新创新动力，巴黎政府制定了《法兰西岛地区发展指导纲要 (1990—2015)》。以多中心、区域化、整体性城市新布局适应世界城市创新动力竞争，形成了覆盖 4 个国家 40 个 10 万以上人口的城市的巴黎都市圈，成功的规划为巴黎带来了巨大的经济创新动力。巴黎也逐渐成为法国的企业天堂，高科技工业、奢侈品企业、高档商业以及金融、文化创意产业等都得到了巨大的发展。在《大巴黎空间发展规划》中规定了巴黎小微绿地的布局与建设标准，保证公园绿地的均好性，为巴黎的生态创新动力发展提供了重要保障。

（2）文化遗产的保护与开发并重。中世纪、文艺复兴、现代主义等各个时代的艺术家、建筑师和文人都在巴黎留下了大量有形和无形的文化遗产。这些文化遗产中蕴藏着丰富的艺术价值，是巴黎城市文化创新动力的核心载体。因此，巴黎政府通过财政、税收、产业、教育等方面的制度安排，对其文化的精华进行有计划的保护和开发。合理的文化政策使巴黎的文化创新动力永不褪色，也使巴黎城市文化创新动力的"核"辐射作用经久不衰。

（3）重塑巴黎文化创新动力，推动文化产业转型。传统工艺和奢侈品历来是巴黎引以为荣的产业，也是城市悠久历史的一部分，包括高级成衣、香水、家具、化妆品、皮革、葡萄酒、美食等行业。这些知名品牌既有高附加值的经济特性，也具有丰富的文化内涵，属于法国传统的文化产业。然而，面对全球城市创新动力竞争，巴黎市政府意识到必须拓展文化产业中的创新优势领域。中央和地方政府每年从预算中拨专款资助各类文化团体和建设各类文化场所，加大对视觉、音乐、表演艺术、出版、印刷等文化领域的支持，鼓励全新的艺术创造。丰富的文化艺术活动让城市空间更有创新动力，也更具有吸引力。

4.1.3 纽约城市创新动力"核"驱动经验分析

纽约作为美国第一大城市，是美国工业、金融和经济的中心，全球时尚中心，美国文化艺术的中心，波士顿到华盛顿大城市带中的核心城市。由此可见，纽约在打造城市创新动力方面必有其成功的经验。通过研究，我们总结出以下三条关于纽约城市创新动力"核"驱动经验：

（1）坚持大都市圈规划理念，实现城市间协调发展。纽约大都市圈的空间扩展模式已经从"点"扩展到"面"。纽约不断通过改造和提升中心城区来增加城市创新动力；纽约也在更大的范围内进行功能的整合与调整，通过区域合作扩大城市创新动力竞争力。经过合理的规划与调整，纽约逐步与周边城市和地区共同组织城市经济区，形成包括波士顿、纽约、费城和华盛顿四个城市群的纽约都市圈，这大大地提升了纽约城市创新动力"核"驱动作用，为纽约的未来发展奠定了良好基础。"纽约2030战略"中，明确了围绕土地、水、交通、能源、空气、气候变化等生态创新动力要素，来提升纽约的持久创新动力。

（2）激活城市文化创新动力，发展文化创意产业。纽约的时尚服装和时尚化妆品等行业发展相当成熟。纽约不仅是美国的时尚中心，而且是世界时尚领域的风向标，在全球时尚产业中具有三个中心地位，即设计师及时尚企业中心，批发贸易和商店的总部中心，时尚媒体、营销和零售中心，可谓名副其实的全球时尚之都。另外，纽约作为美国文化艺术的中心，积聚着众多的博物馆、美术馆、图书馆、科学研究机构和艺术中心，美国大广播电视公司和一些最有影响的报纸都把总部设在这里。百老汇歌剧、麦迪逊大道时装、自由女神像、卡内基音乐厅等已经成为纽约文化创新动力的代名词。

纽约文化创意产业的发展离不开政府的作用，主要体现在两个方面：其一，分区制对时尚产业空间分布的影响；其二，政府在各发展阶段对产业内不同部门的扶持。当然数量庞大的时尚企业也激活了纽约的时尚产业发展，6500余家与时尚相关的企业和组织集聚在纽约时尚产业集中的 Fashion Center BID，共同推动了纽约的时尚产业，特别是服装行业的发展，这种都市化集聚也塑造了纽约时尚产业在曼哈顿中城地区集中分布的空间形态。

（3）坚持可持续发展，建设生态城市。"立足生态，立足发展"是纽约城市打造城市创新动力的重要理念之一。近年来，纽约越来越重视自然生态环境保护、历史文化资源保护和可持续发展。纽约政府已经清醒地认识到，环境资源正成为城市可持续发展的宝贵资源。通过加强环境保护和节约资源，来探寻如何将城市规划和生态与发展结合起来，从而遏制城市无序扩张，创造美好生活空间。

4.2 上海城市"核"创新动力经济增长极分析

上海城市"核"创新动力可以促进长三角区域的经济增长，可以为创新长三角城市群发展模式、建立健全一体化发展体制机制注入新创新动力。长三角区域的经济发展已经进入新常态，要求经济增长更多地依靠科技进步、劳动者素质提升和管理创新，进而为长三角更好发挥科教创新优势，推动创新发展、转型升级带来了新契机。因此，研究上海城市"核"创新动力经济增长极就具有重要意义。

4.2.1 长三角空间区域：上海城市"核"驱动力战略定位

长江三角城市群是我国经济最具有创新动力、开放程度最高、创新能力最强、吸纳外来人口最多的区域之一，是"一带一路"与长江经济带的重要交汇地带，在国家现代化建设大局和全方位开放格局中具有举足轻重的战略地位。上海应该顺应时代潮流，发挥其在长三角空间区域内的"核"驱动力作用。从战略高度引领长三角城市群，打造上海创新动力新高地、争创新动力城市的新尖兵、为长江三角洲城市群发展新经济提供创新动力"核"驱动力、构筑上海生态环境新创新动力、创造各大创新动力元素联动发展新模式，建设面向全球、辐射亚太、引领全国的新创新动力上海。上海国际经济、金融、贸易、航运中心建设以及中国（上海）自由贸易试验区建设，应该加快引爆创新动力，增强辐射带动能力，真正发挥上海城市"核"驱动力的巨大作用，如图 4-2 所示。

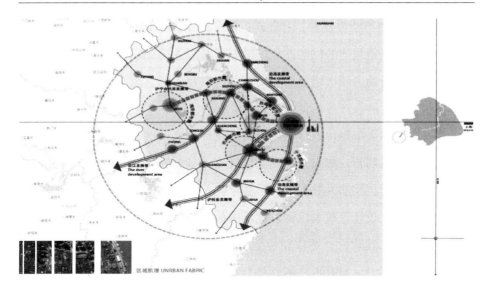

图4-2 长三角空间区域：上海城市"核"驱动力辐射

资料来源：根据研究需要，设计得出。

4.2.2 上海城市未来"核"驱动力要素构成

（1）经济创新动力要素。上海国际经济、金融、贸易、航运中心建设以及中国（上海）自由贸易试验区建设，应该加快创新动力创新，增强辐射带动能力，真正发挥上海城市"核"驱动力的巨大作用。上海要始终坚持创新、协调、绿色、开放、共享的创新发展理念，紧紧把握国家"一带一路"倡议、长江经济带等重大战略，真正以中国（上海）自由贸易试验区和上海科技创新中心建设为契机，围绕上海建成"四个中心"和国际创新动力大都市的总目标，按照"创新驱动发展、经济转型升级"要求，以创新融合为发展主线，以供给侧结构性改革、市场消费需求和品牌建设为抓手，以知识产权保护利用和人力资源开发为保障，提升上海经济创新动力的国际竞争力，进一步推动上海经济转型升级，发挥经济创新动力要素在上海城市未来建设中的"核"驱动力作用。

（2）科技创新动力要素。上海务必掌握世界科技前沿领域的技术，建立健全符合科技创新规律的机制，积极激发创新人才的创新动力。上海应该努力成为全球创新动力城市网络的重要枢纽，以及国际性重大科学发展、原创技术发明和高新科技产业培育的重要策源地。

上海需要加强信息化设计、过程集成设计、复杂过程和系统设计等共性关键技术研发与创新；加强工业创新设计相关新材料、新技术、新工艺等的研究和创意应用；推动大数据支持、数字化技术、网络协同设计、3D 打印、虚拟现实、交互设计等技术在创意设计中的快速运用；开发具有自主知识产权的创意设计工具软件，逐步完善创新设计生态系统，提升服务创新设计、流程创新设计能力。只有科技创新具有了创新动力，上海的城市创新动力才会被激发出来。

（3）生态绿色创新动力要素。上海应该树立并率先践行生态文明城市的理念，依托上海丰富多彩的生态环境，发挥海派历史文化遗产众多、风景资源独特等优势，优化城市空间设计格局，共同建设美丽生态城市，共同打造充满人文气息和生态创新动力的国际大都市，形成山青、水绿的生态创新动力城市。

上海还要积极推进文化创意与绿色旅游、绿色体育、都市绿色农业等融合发展，提升上海城市生态形象的国际影响力和美誉度。依托全市各区域的文化创意资源，加强绿色文化体验与绿色旅游消费结合互动，发展文化时尚绿色旅游、都市风情旅游、工业创意旅游等，提升传统旅游路线的文化生态创意内涵。

（4）国际化创意人才要素。充分利用上海国际国内优质教育资源，采取合作办学、国（境）外培训、岗位实践等方式，加快培养具有国际视野、通晓国际规则和拥有跨文化交流与沟通能力的本土国际化创意人才。建立和完善市场导向的国际化创意人才培养模式，支持企业成为国际化创意人才开发的主体。鼓励与促进创意人才国际交流合作，推进职业资格国际互认等。

积极推进世界手工艺教育联盟落户上海，推进文化创意产业领域的大师工作室的创建，开展上海工艺美术大师、青年高端创意人才、上海文化创意企业十强十佳、上海文化创意、创业年度人物等评定推选工作，在各类大赛、评比、展示中发掘新锐创意人才。按照国家有关规定落实国有企业、院所转制企业、职业院校、普通本科高校和科研院所创办企业的股权激励政策，鼓励文化创意企业高端创意人才参加职业技能鉴定和职称评定。

4.2.3　上海城市未来"核"驱动力空间效率分析

上海城市未来"核"驱动力可以促进长三角形成网络化空间格局。上海理应发挥其"核"驱动力的带动作用。上海城市未来"核"驱动力大大提升了长三角地区的空间建设效率。在上海城市未来"核"驱动力的辐射带动下，长三角地区依托交通运输网络培育形成多极多类发展轴线，推动南京都市圈、杭州都市圈、合肥都市圈、苏锡常都市圈、宁波都市圈的同城化发展，强化沿海发展带、沿江的网络化空间格局。各城市圈的空间优势分析如表 4-1 所示。

表 4-1　五圈各自空间优势分析

五圈	城市	优势分工
南京都市圈	南京、镇江、扬州	区域性创新创业高地、金融商务服务集聚区
杭州都市圈	杭州、嘉兴、湖州、绍兴	信息经济新业态、杭州国家自主创新示范区和跨境电子商务综合试验区、湖州国家生态文明先行示范区、全国经济转型升级和改革创新的先行区
合肥都市圈	合肥、芜湖、马鞍山	发挥在推进长江经济带建设中承东启西的区位优势和创新资源富集优势、承接产业转移示范区、推动创新链和产业链融合发展，提升合肥辐射带动功能
苏锡常都市圈	苏州、无锡、常州	强化与上海的功能对接与互动，推进沪苏通、锡常泰跨江融合发展。建设苏州工业园国家开放创新综合试验区，发展先进制造业和现代服务业集聚区

五圈	城市	优势分工
宁波都市圈	宁波、舟山、台州	浙江舟山群岛新区和江海联运服务中心、宁波港口经济圈、台州小微企业金融服务改革创新试验区。高效整合三地海港资源和平台，打造全球一流的现代化综合枢纽港、国际航运服务基地和国际贸易物流中心，形成长江经济带龙头龙眼和"一带一路"倡议支点

资料来源：根据研究需要，设计得出。

上海城市未来"核"驱动力也提升了上海全球城市功能。按照打造世界级城市群核心城市的要求，上海核心创新动力竞争力和综合服务功能得到了加快提升。上海加快建设具有全球影响力的科技创新中心，发挥浦东新区引领作用，推动非核心功能疏解，推进与苏州、无锡、南通、宁波、嘉兴、舟山等周边城市协同发展，引领长三角城市群一体化发展，提升服务长江经济带和"一带一路"倡议等的能力。

4.2.4　上海城市未来"核"驱动力耦合效果评价

上海城市未来"核"驱动力使上海创新联动发展机制得到进一步完善，上海城市未来的创新动力体系构建，在遵循市场发展规律的前提下，以建设创新动力体系为重点，加快政策创新、优化服务改革，推动创新动力体系一开放、创新动力子系统共建共享、各个创新动力要素统筹协调发挥作用。正是这种耦合效应的作用发挥，才为上海城市创新动力的创新打下了坚实的基础。

上海城市未来"核"驱动力也优化提升了长三角城市群的发展，促进了该区域协调发展。长三角城市群是我国经济社会发展的重要引擎，是长江经济带的引领发展区。上海城市未来"核"驱动力优化提升长三角城市群，有利于促进经济增长和市场空间由东向西、由南向北梯次拓展，推动人口经济布局更加合理、区域发展更加协调，对推动长江经济带创新发展，辐射中西部地区，带动全国发展都具有重要作用。上海城市未来"核"驱动力作用我们可以用图4-3描述。

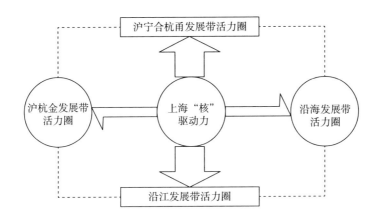

图4-3 上海城市未来"核"驱动力作用

资料来源：根据研究需要，设计得出。

4.3 上海城市未来"核"驱动创新动力的政策建议

4.3.1 区域经济增长实现引领作用

上海的新一轮城市总体规划可谓是面向2040年的长远规划，因此上海必须服从国家战略，主动对接共建"一带一路"、积极发挥其在长江经济带发展规划纲要和长三角城市群发展规划中的现实引领作用，进一步明确上海城市在区域经济增长实现中的引领作用。

上海在长三角城市群的核心地位主要在于其自贸区经验和"四个中心"引领作用，但其对长三角各地的经济、文化辐射作用也尤为突出。上海要积极争当创意城市的新尖兵，大力吸引外资，集聚国际化创意人才，扩大文化创意产业对外开放，探索建立具有国际竞争力的经济创新动力大都市。

上海的战略定位就是"四个中心"，这个定位要求其在区域经济增长中，结构调整方向应定为形成以文化创意经济为主的产业结构，加快发展金融、航运、信息、创意、文化、旅游等现代服务业，形成以文化服务经济为主的产业结构；同时加快制造业的升级，突出发展以创新和创意为主的高端制造业。上海经济的转型和发展一定要有长三角一体化发展的大格局理念，只有长三角一体化到了一个高度，上海的"四个中心"建设才能形成新的跨越，上海才能在区域经济增长过程中实现引领作用。

4.3.2 产业结构调整发挥主导作用

上海城市未来"核"驱动创新动力体系的构建需要紧紧围绕供给侧结构性改革、促进文化消费结构升级中心任务，依托上海科技、人才、创意、生态、经济等优势，聚焦本市具有创新动力的文化创意产业中的媒体、艺术、工业设计、建筑设计、时尚产业、网络信息、软件与计算机服务、休闲娱乐等行业，进一步进行产业结构调整、产业转型升级，提升文化创意产业发展质量和未来产业主导作用。

上海城市未来"核"驱动创新动力体系的构建还需要按照《中国制造2025》战略要求，在传统制造业、战略性新兴产业、文化创意产业等重点领域开展创意、创新设计研究，打造一批具有引领带动效应的创意设计产业项目，充分发挥工业创意设计对产业结构调整、转型升级的"核"驱动创新动力。

4.3.3 空间要素优化加快协同作用

空间创新动力要素优化需要分工协作，协同发展。从提升上海整体创新动力竞争力出发，发挥各区域的比较优势，协调处理好上海与其他城市、沿海沿江城市与腹地城市、中心城市与中小城市的关系，明确上海城市未来"核"驱动功能定位，强化错位发展，协同推进各大城市群间的一体化发展，形成优势互补、各具特色的协同发展格局。只有上海各区域协同创新体系更加完善，才能使科技创新能力显著增强，引领和支撑国家城市未来发展的核心作用。

4.3.4　政策资源落实提供保障作用

上海城市未来"核"驱动创新动力的建构离不开政府的积极引导，要贯彻落实上海促进其未来的创新动力建设的各项政策意见。根据上海城市创新动力的特征，加强政策调研，制定完善有利于上海城市未来的创新动力发展的专项政策。例如，落实文化创意领域税收优惠、高新技术企业认定、项目用地、对外贸易、创意人才引进等方面的优惠政策。加强政策的解读和宣传推广，加强政策执行过程中的统筹协调。总之，要更好地发挥政府在空间开发管制、基础设施布局、公共服务供给、体制机制建设等方面的作用，有效提升城市群创新动力发展的质量。

我们还应该遵循城市群演进的客观规律，充分发挥市场配置资源的决定性作用，增强城市群转型升级的内生动力，加强各区域文化创意产业的扶持资金投入力度，真正聚焦各区域的特色文化创意产业项目，探索文化创意产业的创新模式。要围绕发挥市场在资源配置中的决定性作用，降低政府对资源配置和微观经济活动的直接干预，建设统一开放、竞争有序的现代市场体系，营造有利于城市创新动力发展的良好环境。

第5章 上海创意城市要素体系创新动力分析

5.1 上海创意城市发展的基本情况

5.1.1 上海创意产业的总体发展态势

近年来，上海文化创意产业实现的增加值逐年增加，占全市 GDP 的比重也稳步增长，文化创意产业已成为引领和支撑上海新一轮发展的支柱产业，对上海经济发展的贡献率逐年提高，成为上海"创新驱动发展、经济转型升级"的重要力量。

5.1.2 上海创意产业园区的空间分布及存在的问题

目前授牌的上海创意产业园区一共 128 家，排名前 5 的区县分别是黄浦区、杨浦区、徐汇区、长宁区和虹口区（见表 5 - 1、图 5 - 2）。上海创意产业园区总体布局呈现的主要特征是：①主要分布在内环线、黄浦江和苏州河的围合地带；②内紧外松的行业集聚空间特征明显；③高校创意产业集群显现。

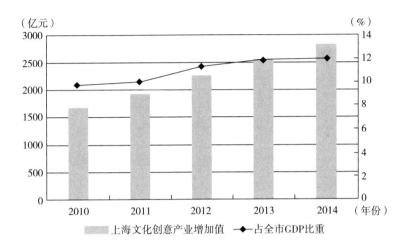

图 5 - 1　2010～2014 年上海文化创意产业经济指标

资料来源：张京成. 中国创意产业发展报告（2015）［M］. 北京：中国经济出版社，2015.

表 5 - 1　上海创意产业园区分布

浦东新区 （10 家）	上海张江文化创意产业园区、上海证大喜玛拉雅艺术中心、国家对外文化贸易基地（上海）、中国移动互联网视听产业基地、张江创星园、上海双创产业园、博大汽车公园、波特营文化创意园、唐镇文化创艺中心、金领之都
黄浦区 （15 家）	田子坊、卓维 700、8 号桥、老码头创意园区、幸福码头、旅游纪念品设计中心、江南智造——越界·智造局一期、江南智造——Soho 丽园、江南智造——红双喜研发中心、江南智造——上海 8 号桥创意产业园（二期）、江南智造——上海 8 号桥创意产业园（三期）、江南智造——智造局二期、江南智造——龙之苑、南苏河创意产业集聚区、上海世博城市最佳实践区
静安区 （10 家）	同乐坊、上海名仕街创意产业园、3 乐空间、汇智创意园、静安现代产业园、源创创意园、安垦绿色仓库、98 创意园、800 秀创意产业集聚区、传媒文化园
徐汇区 （12 家）	2577 创意大院、越界创意园、越界·X2 创意空间、徐汇软件基地、尚街 Loft 时尚生活园区、文定生活创意产业园、浦原科技创意产业园、慧谷软件园、D1 国际创意空间、西岸创意园、尚街 Loft 滨江时尚服饰园、上海普天信息产业园

长宁区（12家）	周家桥文化创意产业园、长宁多媒体产业园、长宁德必易园、上海慧谷白猫软件园、华联创意广场、上海时尚园、映巷创意工场、德必法华525创意树林、新十钢·红坊文化创意园、创邑河、聚为园、湖丝栈创意产业园
普陀区（9家）	上海天地软件园、M50艺术产业园、SHANGHAI TOP桃浦文化创意产业园、谈家28——文化·信息商务港、创邑金沙谷、E仓文化创意产业园、中华1912文化创意产业园、景源时尚产业园、加减乘除创意园
虹口区（12家）	中国出版蓝桥创意产业园、上海明珠创意产业园、国家音乐产业基地上海虹口园区、优族173文化创意产业园区、渡边物华园、花园坊、上海智慧桥创意产业园、虹口区大柏树"930"科技创意园、1933老场坊、绿地阳光城、空间188、半岛湾时尚文化创意产业园
宝山区（5家）	上海动漫衍生产业园、M50半岛1919文化创意产业园、上海国际工业设计中心、上海木文化博览会、长江软件园
闸北区（8家）	新华文化创新科技园、上海多媒体谷、珠江创意中心、创意仓库、新慧谷文化创意产业园、大宁中心广场二期、越界·乐平方、大宁德必易园
杨浦区（13家）	尚街Loft上海婚纱艺术产业园、创智天地、63号设计创意工场、上海国际设计交流中心、昂立设计创意园、海上海、东纺谷创意园、上海创意联盟产业园、中环滨江128、环同济设计创意集聚区、上海国际时尚中心、上海同和创意产业园、上海长阳谷创意产业园
闵行区（5家）	中国（上海）网络视听产业基地、七宝老街民俗文化产业基地、M50西郊文化休闲园、上海云部落TMT产业园、黎安展示产业园
嘉定区（4家）	上海南翔智地文化产业园、中广国际广告创意产业园、东方慧谷——上海文化信息产业园、e3131电子商务创新园
金山区（2家）	中国农民画村文化创意产业园区、金山国家绿色创意印刷示范园
松江区（6家）	上海仓城影视文化产业园区、创异工房、时尚谷创意园、泰晤士文化创意产业园、上海影视文化产业园、叁零·SHANGHAI文化创意产业园
青浦区（4家）	泰晤士文化创意产业园、上海青园文化创意产业园区、尚之坊时尚文化创意园、中国北斗产业技术创新西虹桥基地
奉贤区（1家）	南上海文化创意产业园

资料来源：项目组根据需要自行整理资料所得。

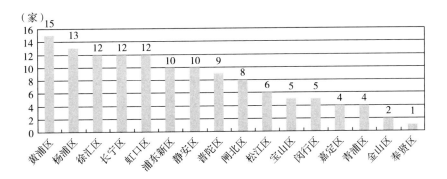

图 5 - 2 上海创意产业园区数量分布

资料来源：项目组根据需要自行整理资料所得。

通过观察现有的上海创意产业园区的空间分布及其基本运行状况，可以发现目前尚存在以下几个方面问题：

（1）一些园区定位不清晰，同质化现象严重。上海创意产业园区同质化现象严重，现有128个园区中，类似M50、8号桥等涉及工业设计、现代设计等领域具有影响力、竞争力的园区不多，缺少优势园区，或缺少具有增长极作用的园区，园区空间分布变化有点呈现"摊大饼"似的蔓延，大多园区位于同一能级，缺少层级差异，尚未形成"蓝海战略"。且目前上海创意产业园区缺乏具有中国元素、具有上海特质的文化内涵，缺乏对具有上海故事和城市文化特色进行挖掘和开发的战略意识。

（2）一些园区存在"挂创意、做地产"现象。一些创意产业园区存在着创意与商业配比本末倒置的现象，在运营过程中，创意概念不清，出现商业配套比例过高、零售商业化趋势明显等现象，一些园区酒吧、餐厅、咖啡厅配比过高，淡化了创意园区培育孵化创意的基本功能。

（3）一些园区客户群不稳定，空置率较高。由于上海各主要创意产业园区的租金价格都呈上升趋势，越来越多小微创意企业因无法承受租金上涨的压力而退出园区，此外，客户群流动性加大、租期缩短，也使空置率明显上升。

5.1.3 上海创意城市"3T"要素的现状分析

佛罗里达指出，创意型城市必须具备"3T"要素，即人才（Talent）、技术（Technology）和包容度（Tolerance）。这些因素互相补充，是创意型城市形成的充分必要条件。

（1）人才（Talent）。在创意经济时代，一个城市的竞争优势来自能够迅速地动员人才资源把创意转化为新的商业商品。除了劳动阶级、服务阶级之外，创意阶级正在悄然兴起。佛罗里达把创意阶级分成"具有特别创造力的核心人员"和"创造性的专门职业人员"两个组成部分。前者包括引导当代社会潮流的科学家、大学教授、诗人、小说家、艺术家、演员、设计师、建筑师、咨询公司研究人员等，后者包括高科技、金融、法律以及其他各种知识密集型行业的专门职业人员。

上海的创意人才主要是在创意产业的老仓库、老厂房、老弄堂的基础上而兴起的。在128家上海创意产业园中，有很大一部分园区由老厂房改建而来，还有一部分分布于高校或科研院所周边。如国内首家以产学研为一体、依托上海师范大学美术学院建立起来的"设计工厂"，依托同济大学土木建筑专业的人才优势而集聚起来的"昂立创意设计园"，借助上海交通大学发展起来的"天山软件园"和"乐山软件园"等。此外，在东华大学、工程技术大学、外贸学院、上海交大、同济大学、复旦大学等高校附近，也集聚了数家创意产业园区，为上海创意产业人才的培养提供了极好的平台。

上海文化创意产业人才涵盖的范围较大，主要涉及设计、咨询、时尚消费、传媒产业、文艺演出及展示、软件、动漫等行业，然而，目前上海创意人才仍比较匮乏，一个很重要的原因是上海城市生活的便利水平还不是很高，且生活成本比较高昂。英国经济学家信息部于2015年8月20日公布了最新的"全球最适合生活的城市"调查报告，调查指标对包括社会稳定、医疗服务、文化与环境、教育以及基本设施五大领域30个项目的"相对舒服度评分"结果进行排名。澳大利亚墨尔本位于榜首,成为全球最适合居住的城市,北京排名第69名,上海排名第77名(见表5-2)。因此,上海要建设创意型城市,要吸引更多创意人才,生活质量还有待提高。

表5-2 "全球最适合生活的城市"指数部分城市的排名

城市	排名
墨尔本(澳大利亚)	1
香港(中国)	46
新加坡	49
北京(中国)	69
上海(中国)	77

资料来源:中国新闻网。

(2)技术(Technology)。技术是一个城市创新和高科技的集中表现。上海经过连续十余年的高增长、跨越式发展,城市发展正逐步转向技术驱动、知识驱动的创新发展阶段,创新能力成为一个国家、一座城市竞争力的重要标志。

上海高新技术开发区经过十几年的开发建设,已形成"一区六园"的新格局,即漕河泾新兴技术开发区、张江高科技园区、上海大学科技园区、中国纺织国际科技产业城、金桥现代科技园和嘉定民营技术密集区(见表5-3)。

表5-3 上海高新技术产业园区代表企业

园区	主导产业	代表企业	科研类型
漕河泾新兴技术开发区	信息产业、新材料	通用电气、英特尔、日本东芝	资源型
张江高科技园区	集成电路、生物医药	中芯国际、瑞士罗氏	引进型
上海大学科技园区	新材料、新能源	上海航天	引进型
中国纺织国际科技产业城	新材料	美国杜邦	引进型
金桥现代科技园	电子信息汽车及零部件现代家电	通用汽车、惠普柯达	引进型
嘉定民营技术密集区	激光核能	日本重机工业、瑞典爱立信	引进型

资料来源:诸大建,易华,王红兵.上海建设创意型城市的战略思考——基于"3T"理论的视角[J].毛泽东邓小平理论研究,2007(3).

从表 5 – 3 可以看出，上海高新技术产业园区的代表企业仍以技术引进为主，自主创新能力还较弱。创意产业以创新和创造力为核心，为促进创意产业进一步发展，政府部门应加大对创意企业的政策扶持，加大 R&D 方面的资金投入，不断加强企业自主创新能力，提高创意产业对国民经济增长的贡献率，进而提升上海的城市国际竞争力。

（3）包容度（Tolerance）。包容度可以定义为开放、宽容和多样性。一个城市的包容在吸引创意人才以及支持高科技产业发展和城市经济增长方面具有关键作用。多样性可以提高一个城市吸引创意人才的能力，一个开放的城市在吸引创意人才和人力资本方面具有与众不同的优势，可以促进高科技产业的发展，实现城市经济的繁荣。有魅力的城市必须具有宽容性和多样性等都市风格，不同的民族、年龄层次以及不同外表的形形色色的人们的存在是一个城市具有包容性和开放性的标志之一。

零点集团公布的《中国公众城市宜居指数 2006 年度报告》显示，在沟通、就业、就学、做邻居、子女结婚等七个方面的城市包容性排行榜中，三亚、成都和深圳居前三，而上海、北京和大连分列倒数前三。城市不仅是一个经济系统，也是一个人文系统，包容性既是一个城市可持续发展的根本动力，也是一个城市人际环境的根本取向。第六次人口普查结果显示，上海全年常住 2301 万人口中，外省来沪常住人口占 39%，外籍人口及港澳台居民的数量仅为 20 万余人，故上海需建立宽松、有序和多样的社会文化环境。虽然海派与时尚的交会使上海成为一个开放度较高的城市，但上海的城市包容度还有待进一步提高，多种人才和文化背景的整合可以带来文与理、严谨与浪漫、理念和操作等方面的碰撞，激发创意人才的创造热情，充分发挥上海"兼容并蓄"的海派文化特色，给予海内外人才非常规的宽容和鼓励，促进城市经济、城市文化、城市精神的繁荣发展。

5.2 上海创意城市创新动力建设的战略思路：
"文化 + "融合模式

5.2.1 "文化 + "主要形态

"文化 + "的融合趋势，决定了" + "的后缀丰富多样（见图 5 - 3）。

（1）跨要素融合。跨要素融合是产业的"对内融合"，就是以文化、科技、创意、资本等为代表的产业要素，通过集聚创新形成的融合发展模式。"文化 + 创意"，更多的是以文化为资源，以创意为手段，以产业为目的，发展文化创意产业，同时实现与其他产业的深度融合。"文化 + 科技"，主要是促使高新技术成果向文化领域转化应用，加强传统文化产业技术改造，培育新兴文化业态，强化文化对信息产业的内容支撑和创意提升。"文化 + 金融"，重在打造文化投融资平台，引导各类社会资本投资文化领域；利用互联网金融模式开辟新型融资渠道，创新文化消费金融产品，发挥金融创新对文化消费的刺激作用。

（2）跨行业融合。跨行业融合是产业的"对外跨界"，通过行业间的功能互补和链条延伸，行业之间共生相辅，如"文化 + 制造业""文化 + 旅游""文化 + 农业"等多种业态融合模式不断涌现。"文化 + 制造业"，主要是突出传统文化与现代时尚融合，增加消费品的文化内涵。"文化 + 旅游"，则是以文化内涵提升旅游项目、旅游产品、旅游节庆的吸引力，增加体验、休闲、养生、欣赏等旅游内容。"文化 + 农业"，主要是提高农业领域创意设计水平，拓展休闲观光农业发展空间，推进农产品文化宣传交流，强化农副产品品牌建设。

"文化+"是文化更加自觉、主动地向经济社会各领域的渗透,其核心是赋予事物活的文化内核、文化属性、文化精神、文化创新动力、文化形态和文化价值,为事物植入文化的 DNA。

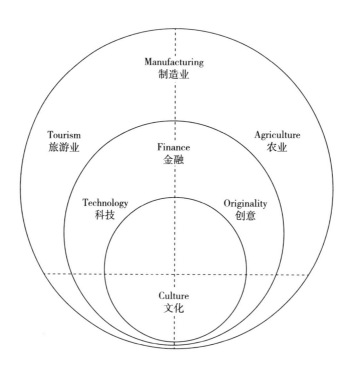

图 5 - 3   "文化 +"主要形态

资料来源:研究根据需要自行整理资料所得。

5.2.2   上海创意城市与海派文化多元融合

海派文化是上海的"城市文化资本"要素之一,具有复杂的联合结构,并不是指某一个文化传统,而是指多元文化传统。海派文化是上海独具特色的地方文化,具有鲜明的地方特色和时代特征的地方文化,是一座城市的所有居民在一定时期内物质财富和精神财富的综合。上海创意城市的建设需要

融入具有中国元素、具有上海特质的海派文化，树立起挖掘具有上海故事和
城市文化特色的战略意识，以"海派文化"姿态重构上海创意城市，创造上
海新的城市形态、新的城市空间结构、新的产业模式，找到上海人特有的文
化个性，对上海文化进行重塑，对上海创意城市进行重新定位。在整体空间
形态与文化模式上，需要加强地方性、本地化的空间创新能力，无论是地名、
空间表现、符号意向、景观小品还是居住文化，都要表现出海派文化的时代
特征。

5.2.3　上海创意城市"文化 + 创意"战略思路

城市创意要发挥城市文化、城市精神的引领作用，与物质产品产业结构
渗透不同，城市创意是综合性的整合和迸发的过程。用创意来拓展文化价值、
提升文化内涵，有效提升创意产业的附加值。最大限度地发挥人的创造力是
创意产业的核心，这些创意必须是独特的、原创的、有价值的。唯有文化与
创意融合，才能实现上海的城市精神创新动力。

5.2.4　上海创意城市"文化 + 科技"战略思路

科技与文化融合，是文化繁荣发展的必由之路。文化的生产、传播和消
费，将随着智能互联网及移动终端的普及发生根本性、革命性的变化。应依
循互联网思维，把握文化与科技融合的创新趋势。文化与科技融合可突破地
区分割、行业垄断和产业边界，把握好科技推动文化创新，催生新媒体产业、
新技术平台、新经济形态和新商业模式，以大数据思维，把握文化资源管理
中的大数据应用趋势，以社会化思维，应对"大互联"与云文化引发的大规
模协作趋势，以迭代思维，打造下一代文化创意产业集聚区升级版"智慧
园区"。

上海作为具有深厚文化积淀和鲜明文化特色的创意城市，在全力建设具
有全球影响力的科技创新中心的过程中，更是迫切需要发挥文化知识创新、

智力创造的作用，进一步增强城市文化软实力和国际竞争力，通过文化资源集聚力、创新成果影响力、新兴产业引领力、创新环境吸引力和区域创新辐射力等方面来实现未来科技城市的建设。

5.2.5 上海创意城市"文化+金融"战略思路

"文化"与"资本"难以完美对接，主要源于银行业"风险保守型"和文化产业"高风险型"的矛盾，应在常规信贷的基础上进一步丰富直接融资的渠道，鼓励和引导文化企业面向资本市场融资，努力促进金融资本、社会资本和文化资源的对接。互联网金融以惊人的速度向前以"蛙跳式"发展，为文化与金融的融合开拓了新渠道。应改变文化企业融资依赖银行贷款和政府支持的路径依赖，抓住互联网金融带来的数字红利和信息红利，发挥互联网金融"小而美"的优势，通过 P2P 网贷、网络小贷、众筹融资、互联网银行等途径，为"小、微、新、特"等文化企业提供多渠道的金融解决方案，实现文化与金融的完美融合。

在国际文化大都市的建设进程中，依托上海国际金融中心的优势，推动文化与金融融合。文化金融作为一种新的产业形态，在推动文化资源资本化、文化产权资本化的发展过程中，形成以理论创新架构体系、金融化过程与运作体系、文化价值链建构体系为核心的产业形态。

5.2.6 "文化、创意、科技、金融""四位一体"创新动力循环系统

跨界融合是文化创意产业发展的实际需要，在"文化+创意""文化+科技""文化+金融"等融合中探索出上海文化创意产业发展的全新"跨界模式"，通过多轮驱动，形成"文化、创意、科技、金融"四位一体的创新动力循环系统（见图 5 - 4）。以提升产业附加值为导向，在传统产业中融入文化和创意元素，促进科技、金融等要素与文化创意产业的融合发展，促进第一、第二、第三产业联动发展，推动文化创意产业跨行业、跨部门渗透融

合，形成融合型的新业态和产业链。

上海在建设创意城市的过程中，应以文化为内容，以创意为资源，以科技为手段，以金融为支撑，大力发展文化创意产业，实现与其他产业的深度融合，盘活上海文化创意产业，促进上海创意城市新发展。

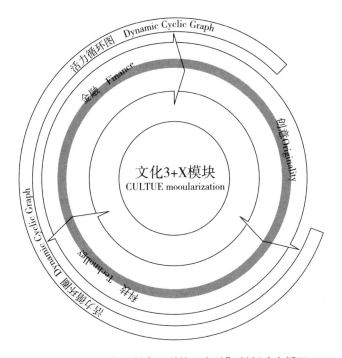

图 5 – 4　"文化、创意、科技、金融"创新动力循环

资料来源：研究根据需要自行整理资料所得。

5.3　上海创意城市创新动力建设的联动效应分析

文化具有强渗透、强关联的效应，在产业大融合背景下，文化创意产业表现活跃，铸造"文化＋"这一崭新的发展形态，文化创意产业迈向"升级版"的融合发展新阶段。"文化＋"是文化要素与经济社会各领域更广范围、更深程度、更高层次的融合创新。在上海创意城市建设过程中，应高举"文化＋"的旗帜，发挥文化示范效应，繁荣城市文化，增加城市内涵；发挥经济拉动效应，重塑城市空间，提升城市竞争力；发挥城市波及效应，拉动区域经济，引领长三角城市群。

5.3.1　文化示范效应：繁荣城市文化，增加城市内涵

创意城市，就是要使城市自身变得更加富有创造性、富有创新动力、富有文化再生的能力。创意城市的目标就是让城市成为文化再生的聚宝盆，在创意城市中，传统文化不仅能够得到有效的保护，而且能够使文化生产的资源重获生机。创造上海"海派文化"的城市精神、城市理念和城市价值观，建构全新的海派制度型文化体系，并对城市自然资源、人文资源等要素进行整合，对上海地方文化精华、人物思想和现代文明精神进行重塑与建构，繁荣上海城市文化，增加上海创意城市内涵。故要有海派文化复兴意识，利用当地文化的国际性、包容性，提高其全球普适性，吸收国际先进文化、多样性文化，通过文化的交汇、交流与交融，不断推进文化城市的建设和升级，为上海创意城市的建设提供软实力。

5.3.2　经济拉动效应：重塑城市空间，提升城市竞争力

上海是中国化的"世界文化生产场域"，上海创意城市的建设不应该是世界万国建筑的瓶帖地和实践场，应该建构中国的城市形态和城市建筑空间元素意义。在建设上海创意城市的过程中，应创造"海派"建筑文化模式，包括建筑结构、城市立面、街区结构、建筑符合、建筑色彩、建筑模式、建筑理论、里巷肌理等。加强地方性、本地化的空间创新能力，无论是地名、空间表现、符号意向、景观小品还是居住文化，都要表现出海派文化的时代

特征，重塑上海城市空间，提升上海城市的竞争力。以上海海派文化历史为积淀，关注人的文化体验，提升城市魅力，塑造具有全球影响力的文化城市，建立海纳百川的文化氛围，营造全球精英宜居的城市文化环境和生态环境。通过依托长江经济带、"丝绸之路经济带"和"21世纪海上丝绸"之路为核心的广阔腹地，将上海最终建设成为经济领军的全球城市。

5.3.3　空间波及效应：拉动区域经济，引领长三角城市群

长江三角洲城市群是我国经济最具创新动力、开放程度最高、创新能力最强、吸纳外来人口最多的区域之一，是"一带一路"倡议与长江经济带的重要交汇地带。长江三角洲城市群以江南文化为驱动力，独特的文化底蕴成为城市群可持续发展的直接推动力，也成为城市群形成特色产业、特色优势和特色地位的重要基础，文化理论的提升是我国城市群建设与竞争的软实力。上海创意城市的建设可以发挥城市文化、城市精神的引领作用，使上海创意产业蓬勃发展，拉动周边地区创意产业的发展，进而提升整个长三角城市群的核心竞争力，强化上海在"一核五圈四带"中的龙头带动作用。故上海要以区域合作为纽带，提升大上海区域能级，对内引领长三角世界级城市群及"一带一路"倡议、长江经济带发展新格局。充分发挥交通和信息对大都市空间的引导、支撑和组织作用，通过成立长三角、长江经济带，在经济主导、人才集聚和创新引领的基础上，使上海成为具有雄厚实力的创意城市。

5.4　上海创意城市创新动力建设的政策建议

5.4.1　注入海派文化，营造更有底蕴的文化之城

在上海创意城市的建设过程中，应重视海派文化融合的重要性，通过海

派文化植入、渗透、融合其他领域，赋予事物活的文化内核、文化属性、文化精神、文化形态、文化价值和创新创造精神。上海创意城市的发展和海派文化密不可分，海派文化可以为其创意经济的发展提供不竭动力，搭建广阔的展示平台，实现资源有效利用和价值深度挖掘，是一种绿色资源，实体经济和文化理念的良好融合，是创意、创意产业及创意经济发展的必要条件之一，只有这样，城市的发展才会具有旺盛的生命力。故上海应营造开放、包容的文化氛围，引入多元文化，必须把文化建设作为创意城市建设的重要组成部分，大力营造更具底蕴的文化之城，以文化作为支撑，最终建设成具有影响力、包容性、先进性的文化创意城市。

5.4.2 激发创新创意，打造更具创新动力的创新之城

以文化催生创意，以创意发展文化。创意或创新是文化创意产业的核心要素，创意不能得到激活，文化产业的发展创新动力必然受到极大抑制，也就只能停留在传统文化产业的水准，不能实现现代文化产业应有的高收益，也无法确立其在整个产业体系中应有的地位。中国与西方发达国家从历史、文化到体制和社会结构等都有差异，其中的一些差异使我国文化企业"创新"不够，少有"颠覆性"产品出现。故应营造良好的创新创意氛围，提供更多的创意公共空间，鼓励创新创意，努力将上海打造成更具创新动力的创新之城。

5.4.3 创造城市品牌，建立更有魅力的时尚之城

上海开发包容的城市风貌与独特的文化气质，不断吸引着来自世界的目光，已经具备成为一个世界性时尚都市的特质。上海应发挥好"后世博效应"，让中国品牌从这里走向世界，提升城市品牌的影响力，而城市品牌影响力的提升，将吸引更多的品牌和要素集聚，在品牌塑造与城市发展之间形成良性互动，推动城市经济的蓬勃发展。从产品品牌、产业品牌到城市品牌，

逐步打造上海特色的城市品牌，加快时尚产业品牌建设，促进时尚产业国际交流与合作，发展上海时尚自主品牌，进一步扩大上海时尚产业对长三角及相关地区的辐射带动作用，将上海建设成为更有魅力、更具影响力的时尚之城。

5.4.4 加大科技创新，构建更富有特色的科技之城

推进文化新业态的先进技术应用，加大项目扶持力度，更注重科技含量，增强创意产业核心竞争力。以互联网为代表的新一代创新技术渗透到文化创意产品的创作、生产、传播、消费等各个方面和关键环节，依托高新技术增强文化产品的表现力、感染力、传播力，促进高新技术成果向文化领域转化应用，培育新兴文化业态，强化文化对科技手段的内容支撑、创意和设计提升，促进文化与科技双向深度融合，促进创意产业升级。故应强化科技创新、高端制造等"全球城市"核心功能，加大科技创新，构建创新要素集聚和创新动力迸发的良好环境，提升科技创新开放协同水平，提升科技成果的国际影响力，努力将上海打造成更富有特色、更有影响力的科技之城。

5.4.5 推动"文化 +"创新思维，建设全球性文化创意大都市

具有百年历史的海派文化，是上海独特的文化风格，作为近百年来中国对外的窗口，上海融汇了来自世界各地的文化，形成了上海独特的海派文化：时尚、先进、包容。这种多元文化传统是上海城市未来发展的奇妙张力，是上海不可多得的文化优势。故应深入挖掘上海海派文化内涵，增强文化与创意、科技、金融等要素融合的集聚力，把握好文化与其他领域的关系，跨界融合是必然趋势，文化与科技、文化与创意、文化与金融的融合发展，为上海创意产业的发展输入源源不断的动力，为上海创意城市的建设注入新创新动力。大力倡导"文化 +"，催生新的经济形态，以产业为"体"、产品为

"桥"、文化为"魂",因需制宜、链接市场、引领时尚、亲和大众,以促使创意产业蓬勃发展,推进上海创意城市的建设。大力弘扬城市文化、城市精神和软实力,发挥上海在创新、时尚、科技、金融等领域的引领和主导作用,致力把上海打造成为全球领先的国际大都市。

第6章 上海城市科技创新要素体系创新动力分析

　　上海作为传统的金融中心、贸易中心、航运以及国际经济中心的城市定位已深入人心。但不可否认的是，上海经济发展已经进入新常态，依靠要素驱动和资源消耗支撑的发展方式难以为继，只有科技创新，依靠创新驱动，才能实现上海城市创新动力继续迸发，促使上海城市进一步持续健康发展，推动上海城市建设迈向更高层次、更有质量的发展阶段。以科技创新中心推动四个中心建设，将科技要素融入金融、国际经济、航运、贸易领域，丰富完善四个中心的内涵势在必行。为此，中央对上海提出的"建设有国际影响力的科技创新中心"任务，不仅是一项国家战略，而且体现了中央对上海进一步集聚和融合全球科技要素以推进上海产业升级的要求。长远看来，科技创新将引领上海全球城市功能全方位的发展，科技创新中心的发展将超越四个中心的发展，成为更好地推动上海发展为国际化大都市的创新动力源泉。

6.1 上海城市科技创新要素指标体系构建

在城市创新体系中，科技创新既是最新创新动力的元素，也是最能代表一个城市创新水平的因素。科技创新通常是连接微观的企业创新和宏观的国家创新系统的重要环节。

随着世界创新中心正逐渐从欧美地区转移到亚洲国家，科技创新对我国创新城市的发展越来越重要。城市科技创新要素指标体系是认识和把握城市设计创新活动的本质规律、科学评价城市科技创新能力、系统总结科技创新经验的有效工具，也是政府对科技创新进行宏观调控、正确制定科学创新政策的有力依据，因此，建立一个科学合理的城市科技创新评价体系是促进城市科技创新的前提和保障。在本次上海科创中心建立中，本书结合上海市科技创新情况，提取上海城市科技创新要素，构建上海城市科技创新要素评价体系，通过科技创新要素创新动力分析，与国内外相应城市比较，探寻科创中心的优势与不足，为上海城市科技创新发展提供强有力的政策建议。

6.1.1 科技创新指标体系

建立科学合理的指标评价体系对城市科技创新活动具有积极的促进作用，有助于增强城市创新能力，促进城市创新发展，而评价指标的合理性、规范性和评价结果的可信度是体系构建的关键。在构建上海城市科技创新要素指标体系时，主要依据以下原则：

（1）科学性和系统性。科技创新要素指标体系要能够科学地反映上海城市的科技创新状况与基本运行规律，从客观实际出发，以事实为依据，客观科学地建立指标体系、概念清晰、范围明确、数据真实。此外，城市是一个大系统，由经济、社会、生态等多个系统有机结合，互相影响和联系，构建指标体系需包括城市科技创新的各个方面，以便更准确地评价科技创新要素。

（2）可操作性。建立评价指标体系时，以现有的统计资料为基础，使指标易于采集和量化，尽可能采用相对成熟和公认的指标，与国际指标吻合，便于与国内外城市进行对比分析。

（3）个性化。由于上海城市科技创新受到资源条件、经济水平、当地文化特色等因素影响和制约，科技创新要素各具特色，因此，在构建评价指标体系时，要充分考虑上海的文化背景、产业结构和市场需求等情况，选择合适的城市科技创新指标。

根据以上原则，结合国内外学者关于城市科技创新评价指标体系的研究成果，确定了上海城市科技创新要素指标，构建了指标体系，由目标层（A）、系统层（B）、准则层（C）和指标层（D）共 24 个单项指标构成，涉及科技创新投入、科技创新产出和科技创新环境三方面（见表 6 - 1）。

6.1.2　科技创新指标体系的技术与测度

科技创新要素评价指标体系是衡量上海城市科技创新能力水平，确定城市科技创新发展战略的重要依据，而合适的评价方法直接关系到指标体系的可行性和评价结果的客观性。根据国内外相关学者的研究，结合本书的研究特点，在评价上海城市科技创新能力时，选用层次分析法（AHP）。层次分析法能够利用少量的定量信息，把决策的思维过程数字化，从而求解多目标、多准则的复杂问题。

本书构建的科技创新能力评价体系包括一级指标 1 个、二级指标 3 个、三级指标 7 个、四级指标 24 个。通过专家咨询法，结合现有的研究成果，利用层次分析法，构建两两比较判断矩阵，对同一层的指标进行两两比较，结果以 1~9 标度法表示，进行归一化，求解每个矩阵最大特征根的特征向量，

表6-1　科技创新要素指标

目标层 （A）	系统层 （B）	准则层 （C）	指标层 （D）
城市科技 创新能力 （A₁）	科技创新 投入（B₁）	人力投入（C₁）	D₁ 高校科研机构数量（个）
			D₂ 高科技企业数量（个）
			D₃ 企业研发机构数量（个）
			D₄ 本科以上学历人数（万人）
			D₅ 研发人员占就业人员比重（%）
		财力投入（C₂）	D₆ 地方财政科技经费支出（亿元）
			D₇ 研发经费占 GDP 比重（%）
			D₈ 科技经费支出占财政支出比重（%）
			D₉ 政府教育支出占财政支出比重（%）
	科技创新 产出（B₂）	科技成果（C₃）	D₁₀ 专利授权数（项）
			D₁₁ 申请专利数（项）
			D₁₂ 科研成果数量（项）
		产业成果（C₄）	D₁₃ 各类科技合同项目（项）
			D₁₄ 各类科技合同成交金额（亿元）
			D₁₅ 高科技产品销售额/全部产品总销售额（%）
			D₁₆ 高科技产品产值/工业总产值（%）
	科技创 新环境 （B₃）	制度服务（C₅）	D₁₇ 科技人员平均工资/全市平均工资（%）
			D₁₈ 政府创新政策（项）
		文化环境（C₆）	D₁₉ 博物馆/科技馆数量（个）
			D₂₀ 图书馆藏书量（册）
			D₂₁ 每年科技活动次数（次）
			D₂₂ 互联网用户数（户）
		自然环境（C₇）	D₂₃ 城市空气质量（%）
			D₂₄ 固体废弃物综合利用率（%）

资料来源：根据研究需要，设计得出。

最后以方根法计算各指标的相对权重，经一致性检验复合要求，最终确定各项指标的权重。具体计算步骤如下：

（1）构建评价指标相对重要性判断矩阵。通过对同一层各因素对上一层某一准则的重要性进行两两比较，构成矩阵形式：$B = (b_{ij})_{a \times b}$。

其中，$b_{ij} = 1/b_{ij}$，i，$j = 1$，2，$\cdots$，n；$i \neq j$ （6－1）

$b_{ij} = 1$，i，$j = 1$，2，$\cdots$，n；$i = j$ （6－2）

（2）计算比较因素对某一准则的相对权重。在层次分析法中，对判断矩阵的最大特征值和特征向量的精确度要求不需要很高，此处采用方根法：

矩阵每行所有元素的集合平均值：$\omega'_i = \sqrt[n]{\prod\limits_{j=1}^{n} b_{ij}}$，$i = 1$，$2$，$\cdots$，$n$

得到：$\omega' = (\omega'_1，\omega'_2，\cdots，\omega'_n)^T$。

向量归一化：$\omega_i = \omega'_i / \sum\limits_{j=1}^{n} \omega'_i$ （6－3）

得到：$\omega = (\omega_1，\omega_2，\cdots，\omega_n)^T$，即得到各指标的相对权重。

（3）计算判断矩阵的最大特征值 λ_{max}。

$$\lambda_{max} = \sum_{i=1}^{n} \frac{(\Lambda\omega)_i}{n\omega_i}$$ （6－4）

（4）一致性检验。计算一致性比率 $CR = CI/RI$，其中 $CI = (\lambda_{max} - n) / (n-1)$，$RI$ 可查表得到。若 $CR < 0.1$，则通过一致性检验，否则将对判断矩阵进行调整，重新计算。

根据以上计算方法，对表 6－1 的各项指标进行计算，得出相对权重，如表 6－2 所示。

表 6－2　科技创新要素指标权重分配

系统层（B）	权重	准则层（C）	权重	指标层（D）	权重	总权重
科技创新投入（B₁）	0.4	人力投入（C₁）	0.5	D₁ 高校科研机构数量（个）	0.19	0.038
				D₂ 高科技企业数量（个）	0.15	0.030
				D₃ 企业研发机构数量（个）	0.15	0.030
				D₄ 本科以上学历人数（万人）	0.18	0.036
				D₅ 研发人员占就业人员比重（%）	0.33	0.066
		财力投入（C₂）	0.5	D₆ 地方财政科技经费支出（亿元）	0.25	0.050
				D₇ 研发经费占 GDP 比重（%）	0.3	0.060
				D₈ 科技经费支出占财政支出比重（%）	0.3	0.066
				D₉ 政府教育支出占财政支出比重（%）	0.15	0.050

系统层（B）	权重	准则层（C）	权重	指标层（D）	权重	总权重
科技创新产出（B_2）	0.4	科技成果（C_3）	0.5	D_{10} 专利授权数（项）	0.4	0.080
				D_{11} 申请专利数（项）	0.25	0.050
				D_{12} 科研成果数量（项）	0.35	0.070
		产业成果（C_4）	0.5	D_{13} 各类科技合同项目（项）	0.2	0.040
				D_{14} 各类科技合同成交金额（亿元）	0.3	0.060
				D_{15} 高科技产品销售额/全部产品总销售额（%）	0.3	0.060
				D_{16} 高科技产品产值/工业总产值（%）	0.2	0.040
科技创新环境（B_3）	0.2	制度服务（C_5）	0.3	D_{17} 科技人员平均/全市平均工资（%）	0.5	0.030
				D_{18} 政府创新政策（项）	0.5	0.030
		文化环境（C_6）	0.4	D_{19} 博物馆/科技馆数量（个）	0.3	0.024
				D_{20} 图书馆藏书量（册）	0.3	0.024
				D_{21} 每年科技活动次数（次）	0.2	0.016
				D_{22} 互联网用户数（户）	0.2	0.016
		自然环境（C_7）	0.3	D_{23} 城市空气质量（%）	0.5	0.030
				D_{24} 固体废弃物综合利用率（%）	0.5	0.030

资料来源：根据研究需要，设计得出。

根据指标体系，构建城市科技创新评价的概念模型如下：

$$Y_{ij} = \sum_{n=1}^{20} Y_{jn} = \sum_{n=1}^{20} (W_{jn} \times Z_{jn}) \qquad (6-5)$$

其中，Y_{ij} 是第 i 级指标第 j 项指标的评价值；Y_{jn} 是第四级指标的评价值；W_{jn} 是第四级指标的总权重值；Z_{jn} 是第四级指标第 n 项的相对数值权重的处理（指无量纲处理后的结果）。

在接下来的研究工作中，根据时间序列数据对上海进行实证研究，通过采集各项指标中的数据，并对原始数据进行归一化处理，进而计算和分析上海城市科技创新能力。

6.2　科创中心建设战略定位

2014 年 5 月, 习近平总书记在上海考察时要求上海要建成 "全球科技创新中心"。2015 年 5 月, 上海市政府正式出台了《关于加快建设具有全球影响力的科技创新中心的 22 条意见》, 建设全球科技创新城市已成为目前上海城市发展的最重要的议题之一。根据上海政府发展研究中心研究成果, 上海建设具有全球影响力科技创新中心的战略思路包括: 聚焦科技前瞻布局, 打造世界知名的科学研究中心; 聚焦体制机制创新, 激发科技创新的动力; 聚焦创新生态环境, 建设全球领先的科技创新孵化基地; 聚焦新兴产业培育, 形成符合国际产业发展趋势的创新产业集群; 聚焦人才激励机制, 打造国际化人才高地。

以上海科技创新中心推动四个中心建设。将科技要素融入金融、国际经济、航运、贸易领域、丰富完善四个中心的含义以及内涵。提升科技创新的核心竞争力, 在创新思想激发、基础科学研究、创新技术应用转化、产业技术深化开发等方面聚力。上海科技创新中心的建立有助于服务实施国家战略的创新辐射力, 抢占全球科技创新制高点。中央对上海提出 "建设有国际影响力的科技创新中心", 是一项国家战略, 体现了中央对上海进一步集聚和融汇全球科技要素以推进上海产业升级的要求。在城市创新动力挖掘、创新动力激发、创新空间改造、创新功能重塑、创新机制重构以及创新生态、创新文化营造等方面成为全球创新转型发展的典范, 成为全球城市创新驱动发现的路径开拓者、模式示范者和经验传播者。上海科创中心将引领上海全球城市功能全方位的发展, 长远看来, 科创中心的发展将超越四个中心的发展, 可以更好地呼应全球城市功能升级战略。上海科创中心的建设将以全球城市的场空间和流空间的结合为主要出发点。以科技活动便利、科技要素的集聚为切入点，以提倡上海产业效率为准则，谋求上海内外资源优化配置，推进上海先进制造与现代服务的多层次新型工业化进程，实现更高意义上的开放优势升级。

上海应以实施国家创新驱动发展战略和进行国际竞争大格局来定位，实现四个基本转变。与国家的长江经济带发展战略结合，从创新型城市发展为创新区域的核心城市。加强与长三角地区的协同与合作，形成差别发展、优势互补的区域创新体系。与国家的制造强国战略结合，从高端的加工制造中心发展为创意＋高端制造中心。营造"大众创业、万众创新"的环境，从国有大企业为主的企业构成发展为多元化的创新创业中心。提高国际化和开放度，从国际城市发展为全球创新中心。提高国际化和开放程度，从国际城市发展为全球创新中心。建设国际科技创新中心需要国际紧急中心、金融中心、贸易中心和航运中心的支持。从四个中心向五个中心转化。在人才政策、资本市场、知识产权保护等创新环境建设上与国际接轨，提高上海作为区域创新中心的核心城市的全球影响力。

6.2.1 上海科创中心产业布局

上海科创中心的发展要顺应国家战略发展，与四个中心相匹配。只有科创中心与四个中心均得到良好的发展，并且相互之间的成果与机会都可以相互利用起来，才会更好地提高四个中心和科创中心的发展速度。因此，目前的产业布局应该集中在金融、国际经济、航运、贸易领域。

放宽"互联网＋"等新兴行业市场准入管制，扩大对中小型科技企业创新产品和服务的采购比例。加快在上海证券交易所设立"战略新兴板"，推动尚未盈利但具有一定规模的科技创新企业上市。争取在上海股权托管交易中心设立科技创新专板，支持中小型科技创新创业企业挂牌。

上海科创中心建设应当引领城市产业创新发展，进一步优化空间布局。

以各个创新科技园为内核，由内到外包括大科学设施、公共技术服务平台、应用技术创新和转化、科技产业四个圈层。比如，以张江高科技园区为主体，以康桥工业园区、国际医学园区和周边镇级工业园区为支撑，形成一个完整的科技城。同时，以张江科技城为核心，北连金桥、外高桥，向南呼应临港，延伸创新链辐射区域，构建一条创新走廊。

进一步强化创新功能。依托综合性国家科学中心建设，承接一批国家大科学设施，构建由重点实验室、企业研发中心、工程中心和技术创新中心等组成的创新生态系统；集聚一批高端研发机构，努力成为跨国公司全球研发创新链上的重要节点；打造一批公共技术服务平台，着力提升对创新创业、新兴产业发展的技术服务支撑能力；建设一批应用技术和科技成果转化基地，努力成为全球高新技术产业的重要集聚地。建立一批国际化、专业化、社会化的新型孵化器，形成链接全球的孵化创新网络。进一步健全科技产业链条。围绕高端高效，提升优势产业、培育潜力产业。优势产业，主要是进一步提升全球影响力和竞争力；潜力产业，主要是提升能级、扩大规模，在全市、全国形成优势地位。进一步完善综合环境。全面改变原来产业园区的开发理念、开发方式，在生态环境、城市景观、服务配套、支撑体系等方面，构建良性的综合创新生态环境。

突出把自贸区理念融入上海科创中心建设，坚持与国际通行规则相衔接，坚持对标国际、面向全球。突出以制度创新破解科技创新"瓶颈"，自贸试验区的核心任务是制度创新，提升自主创新能力最紧迫的是破除体制机制障碍，深化"双自联动"就是要通过制度创新，破除一切制约科技创新的体制障碍和制度樊篱。突出以开放提升科技创新能力，促进创新要素跨境流动、创新资源高效配置，打造具有全球影响力的创新策源地。突出利用科技创新政策支持自贸区建设，充分发挥科技领域的政策优势，促进自贸区拓展创新功能。

全力推动科技与金融的紧密结合，给科技插上金融的翅膀，通过金融创新助推科创中心建设。围绕创新链完善资金链，建立健全适合科技企业轻资产特征的债权融资体系、切实缓解科技中小微企业融资难问题。

用"科技＋制造业"的新思维创新发展中国特色制造业发展模式和适应国际化大都市发展要求的新型制造业，树立"全创新链、全价值链和全产业链"融合发展的新理念。要发展能够体现全球城市发展规律和服务经济发展要求的、具有"知识密集型"的制造业和具有"复杂度的"制造业，更好地体现"智慧制造""知识制造""智能制造"等全球制造业发展的新趋势。要借助"数字革命"本身具有的"包容""创新"和"效率"的"数字红利"，改造、提升传统制造业，发展新型制造业。培养具有良好创新意识的科学家和企业家，提高我国科技制造的技术水平和标准，并且使企业可以更积极地和高新技术相结合，在推动产业升级转型和创新发展中加快科技创新中心的建设。

6.2.2 科创中心与城市创新发展

上海以科技创新促进服务创新中心城市建设的总体目标是实现四个率先，创新驱动转型发展，建成四个中心。

通过上海科创中心的建立，将智能技术充分地应用到城市中。契合国家战略，打造智能、安全的城市基础网络和便捷高效的城市运营体系，创新改革，提高资源利用率，降低能源消耗以及降低污染排放。打造清洁充沛的城市动力系统和友好宜居的城市生态环境，建设完善的普惠的健康服务体系以及舒适的城市精神家园。

上海科创中心的建立会促进上海创新创意集聚的建立，加速我国各领域科技的提升，并且通过打造尖端的先进制造系统和开放高效的研发服务体系，使上海成为一个由科技创新所围绕的卓越城市。

上海科创中心的建立将会带领良好创新创意创业生态的建立，让更多的民众接触到创新创意的思维，并且提高社会对于创新创意失败的容忍程度。

打造风尚引领的创意文化基地和具有海派特点的时尚之都。

6.2.3 上海科创中心：创新生态与创意思维融合

创新生态系统形成是全球科技创新中心形成的基础条件。在创新范式升级的背景下，创新已不是单个企业的行为，而日益依赖于互补性创新生态系统和网络。从全球范围来看，有影响的科技创新中心都形成了良好的创新生态环境。

创新生态环境与创意思维是相互依托的关系。将创新生态环境和创意思维融合，会大大提高创新生态环境对创意思维的刺激作用，使更多创意思维涌现。在融合的过程中，创意思维与创新生态环境更加契合，也会更有利于创意思维的应用和发展。

创新生态本就是创意的产物，使创新环境与创意思维融合更加有利于创新生态系统的建设。创新生态的营造是上海科技创新动力发挥作用的关键环节。硅谷将产业、生活与休闲有机结合的空间布局是其吸引众多创新人士热衷在此居住和交流的一个重要原因。上海的城市规模、城市环境和较高的生活成本可能不适合复制这一模式，但是在这一创新文化模式下的创新生态打造非常值得借鉴。上海可以在局部地区复制这一模式，即打造生活环境优美舒适、产业氛围浓厚，同时又具有充分的休闲知识交流空间的创新人文微环境。如已具有较好产业基础的张江地区，已具有深厚知识氛围的高校集聚地——杨浦、松江、临港、西南高校片区，休闲交流环境良好的文化创意产业集聚区等，都是有潜力进行"小硅谷环境"打造的区域。

另外，创意思维是上海科技创新动力的又一优势。上海在创意文化方面早有发展，在科技创新中心的建设中，这一优势应更多地加以发掘利用。伦敦在创意文化环境方面的建设经验值得借鉴。首先，上海应充分利用已建成的近百个创意产业园区，加大其对社会各界的开放力度，将其打造为人们进行创新、创意交流的场所；其次，上海的图书馆、博物馆、艺术中心等文化设施，相对巨大人口基数来说比例仍较小，加大类似设施的建设对上海人文环境的打造意义非凡。

6.3 上海科技创新中心与区域空间要素联动

科技创新作为上海城市发展的创新动力之一，想要充分发挥其积极效应，必须与其他区域空间创新动力要素实现有效联动。主要目的有以科技创新动力带动区域空间要素优化，提升区域空间创新动力；加强科技创新动力与创意城市建设的互动，激发城市创意创新动力；以科技创新动力加强城市生态的建设完善，健全城市生态创新动力；注重科技创新动力与创意人才的吸引与培养，引领人才集聚创新动力。

上海科技创新中心的建立是与国家战略相契合的。科创中心的建立可以通过单个城市发展科创中心，也可以通过不同城市或者区域的协同合作共同塑造出符合国家战略、推动国家战略改革的科创中心。

上海科创中心的建立可以以单个城市为基础来发展，这样可以将资源更为集中，可以更快速有效地促进科创中心本身的发展。在科技创新中心具有一定的发展后，以一个城市为核心，带动周边城市进而带动整个区域发展，形成城市群，通过协同合作，发挥各自所有的优势，形成一个可以协同合作的创新区域。比如长三角经济区，以上海为基础，带动整个长三角地区的创新能力提高。上海科技创新中心的目标不单单是为上海或长三角地区建立的，而是具有更高更远的战略意义，上海科创中心在未来会通过国家"一路一带"倡议提高全国科技创新能力，并吸收融合全球的创新理念，发散具有中国特色的创新理念至世界各地，逐步形成一个具有全球性质的科创中心，并且引领全球创新的发展和进步。

6.3.1 区域空间："互联网+"创新思维链接创新动力因素

创新是多元信息的交流与融合的产物，大量的信息汇集才会迸发出创新创意的火花，创新创意的思维才是整个创新中心的核心内容。

在信息的传递与融合过程中，地理区域的存在反而成为创新中心的一个弊端。地理空间上的距离使信息的传递受到了极大的阻碍，将创新中心的结构分层，将不同行业、不同区域的创新创意思维直接通过互联网平台进行整合与融合，将大大提高创新中心的工作效率。

将科创中心的建立直接分为实体平台、互联网平台与评估整合平台，避免信息的不一致与滞后，将出现的创意思维与更合适的企业资源匹配，避免资源与创新思维的浪费。多平台的建立可能会提高科创中心建立的成本，但是多平台的建立会提高整体科创中心的资源利用和资源整合能力，长远看来，对科创中心未来发展和国家战略有更好的帮助。

6.3.2 区域协调：创新创业生态系统的建设思路

将创新创业生态系统分为创新创业地理生态环境与创新创业互联网生态环境。创新创业地理环境生态方面，尽量使不同行业在不同区域集中起来，使资源与信息有更好的方向性，这样形成科创中心内的行业集聚，将同行业内的思维和运作方式集中统一起来，以达到同行业内不同企业的共振，将资源有效地最大化利用，并且当形成科创中心内的产业集聚后，对于行业内人才的吸引和新思维的猎取也会更为集中，使科创人才有更多的机会释放他们的新思维。在欠发达地区建立创新产业园，发展地方经济，带动欠发达地区的创新意识。

创新创业互联网生态环境，应该将已有的创新创业公司信息收集起来，建立信息平台与评估平台，将所有已存在的创新企业与新创企业联入网络，将创新创意思维输入网络，使创意思维与企业有更好的对接，信息资源最大化利用。尤其在汲取全球科技创新资源的过程中，良好的互联网生态将会起到更为重要的作用。将全球的创新思维链接起来，再度创新，累加起来的创新思维会使科技创新能力迅速提升。完善的创新互联网生态对于上海创新中心的发展建设尤为重要。

在两个生态系统中，尤其以互联网平台更为重要。由于地理区域的限制，使上海科创中心很难将自身的优势直接与世界的资源连接起来。所以，通过扩大互联网的创新创意生态系统的建立，使整个互联网生态系统涵盖整个世界的创新创意领域将会使上海从一个创意城市跃升为世界的科技创新中心，大量的信息汇集筛选，不仅提高了我国自身的科技创新动力，同时也带动了全球科技创新能力的提升与发展。涵盖整个世界创新创意理念的互联网生态将会解放上海科创中心的资源局限性，可以更好地发挥其作用，并且也为更深层次的创新提供了机会。

6.3.3 区域联动：创新产业间的协调作用

单一的创新创业生态环境可以以集聚为基础来建设，但是整体的创新创意生态不单单是一个环境，而是多个创新环境所组成的系统，创新创业的一个核心驱动力就是融合，通过多产业技术的融合才会带来更多的创新创意。建立一个创新区域后，应该依据已有信息平台内的资源，寻找更为适合产业融合的相关产业，建立相关产业园区或吸引相关产业公司形成新的产业集聚，这样不光能带动创新创业，同时也能带动两个或多个产业共同发展，形成创新创业规模化的发展新动力。上海科技创新中心的建立不仅会带动上海自身科技创新能力的发展、自身经济的创新动力，同时也会带动周边城市，形成一个辐射，使整个长三角地区的经济与创新动力受到激发。随着上海科技创新中心的发展建设，上海科技创新中心将逐步有能力成为世界的科技创新中心，汲取全球各个方面的创新资源以及人才，并且也可以对外以放射性的方式输送科技创新思维与成果，渐渐地以上海为中心的创新辐射地带也将建立起来，使上海成为世界的科技创新中心。

6.4　上海科创中心的创新理念与创新文化建设

上海科创中心的建立不仅是单纯的科技创新，而是以科技为核心的全面创新。上海科创中心的建立不再是以技术革新为目标，而是将科学技术革新的成果应用到多方面，通过不同的产业融合、技术融合，打造出一个领先全球的应用型科技创新中心。

创新文化建设尤为重要，目前我国大力推广科技创新，然而社会大众对于科技创新的认识尚显不足，由于生活压力的关系，人们不愿承担创新所带来的风险，更愿意追求相对安稳的工作。对于失败的科技创新，社会接纳程度较低，使创新人员的创新意识没有得到尊重和保护。如何突破社会文化的瓶颈是科创中心、创新文化建设的重中之重。

创新文化是全球文化的主旋律，只有全面建设创新文化才能保持我国各个领域与全球最顶尖存在的联系与来往，才能保持自身的不断提高与发展。加强创新文化的建设，才可以激发创新理念的不断更迭，确保上海科技创新中心的创新理念不断地改进与完善，并且符合甚至引领全球科技创新的理念。

6.4.1　调研问卷设计与分析

调研问卷的设计：全方位地覆盖所有领域不同年龄的人，以最多元的角度来了解观察人们对于创新创意的理解，从中发掘出目前更多我们还未发现的科创中心的功能；通过问卷调查从已有的科创方向，理念中筛选出人们更在意的；通过问卷调查找到建立科创中心的障碍；同时也通过问卷调查推动人们对科技创新的理解；通过对调差问卷的分析了解并完善创新文化建设的着重点。

本次调研采用问卷调研与访谈调研结合的方式交叉进行。调研共发放问卷1000份，目前回收有效问卷832份。调研对象大致划分为七个方面：企业职工、政府官员、科研人员、社区群众、学校师生、基层农民以及上海外围其他人员。访谈调研数量目前约50份，重点包括创新领域专家、政府、企业管理人员、科研人员以及农民。

整体看来，此次调研对象覆盖面较广，来自企业、科研院所、政府以及高校的人群作为当前上海科技创新的主力军，占此次调研样本的65%（见图6-1）。另外，本次调研地区不仅局限于上海，还听取了来自其他省市地区的从业人员和专家学者的意见，从外部视角调查研究了上海科技创新文化的影响与辐射。此外，此次调研对象学历为本科及以上的占近90%（见图6-2），调研层次相对较高，符合主力科技创新队伍的对象定位。

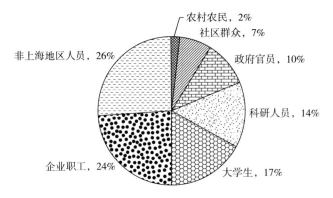

图6-1 调研对象分类

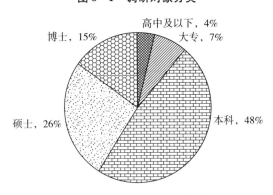

图6-2 调研对象学历构成

资料来源：根据研究需要，设计得出。

6.4.2　主要调研结论

（1）上海整体创新文化氛围调研。上海整体创新文化氛围构建情况围绕开放包容环境、工作环境、文化环境以及生活环境四方面展开（见图6-3）。1分表示不好，5分表示非常好，对各个人群进行调研打分后发现，四大环境的平均得分均在3分左右。其中，人们对上海具有鼓励创新、宽容失败的文化环境的判断打分相对较低，而对上海的整体环境开放包容，具备对国内外创新资源要素的吸引力的判断打分相对较高。结合问题调研和访谈调研结果，我们发现四大环境评分整体处于一般水平的主要问题有：人们认为在上海的工作环境中，创新自由度较差、工作创业压力较大；在文化上，上海相对缺乏大众文化氛围，具有一定的文化排外性；而在生活环境上，最重要的问题是生活成本过高，导致失败的成本过高，在一定程度上降低了对失败的宽容度。

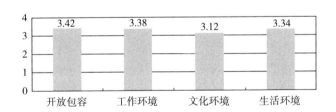

图6-3　上海整体创新文化氛围平均得分

资料来源：根据研究需要，设计得出。

（2）工作单位科技创新情况调研。进一步从工作单位这一局部环境进行创新文化氛围调研发现，上海的单位局部创新文化氛围平均得分在3分左右，处于一般水平。其中，以创新相关的资金支持、激励措施以及培训投入较低等问题反应较大。进一步对比上海和外省市地区发现，上海地区的单位除了在进行全球科创中心建设思想传达上明显强度较高外，在上述几个与激励和创新文化氛围相关的问题上，反而落后于外省市地区对其所在单位的评价（见图6-4）。这可能是由于上海在提出科创中心建设后，人们对于创新的资金支持、激励与文化氛围构建存在较高的期待。

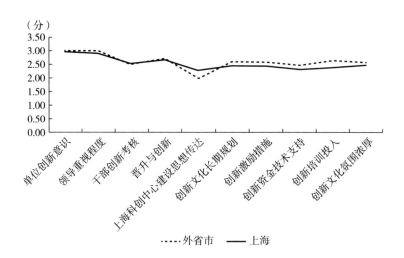

图6-4　上海与外省市工作单位创新文化氛围对比

资料来源：根据研究需要，设计得出。

（3）生活社区科技创新情况调研。对上海地区民众平常生活的社区创新文化氛围进行调研发现，接近半数的人不知道其所在社区是否有科技创新型设施或活动（见表6-3）。而较为社区居民熟知的有科普活动室、图书室等科技创新型设施。进一步调查对这些设施与活动的使用参与情况发现，经常使用的居民只占13%左右（见图6-5）。

表6-3　上海社区科技创新设施了解情况调研

选项	比例（%）
无	48.28
创新屋	10.34

续表

选项	比例（%）
社区祖辈课堂	12.07
社区科技数字院线	10.34
指尖上的老年教育	10.34
科普活动室	24.14
科普图书室	24.14
其他	3.45

资料来源：根据研究需要，设计得出。

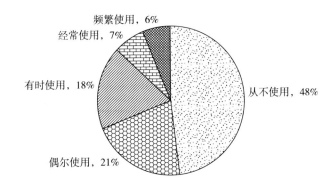

图 6 - 5 上海社区科技创新设施使用情况调研

资料来源：根据研究需要，设计得出。

（4）上海科技创新中心建设的影响与辐射。为了更加全面地发掘上海建设全球科技创新中心的影响力和外部辐射性，课题组专门设计了针对上海以外省市地区的问卷和访谈调研。对比外地和上海本地对进/留沪和离沪进行创新创业的意愿，可以发现，外省市地区人群对进沪创新创业活动仍存在较多疑虑，且上海本地部分从业人员也存在离沪的想法（见图 6 - 6）。主要原因有家庭因素、上海生活成本过高、上海工作创业压力较大、上海文化上有一定排外性等顾虑。但上海近年来在科技创新上的重视，无疑对上海本地和外地人才仍具有较高的吸引力，调研结果显示上海与杭州并行为目前外省市人群最想进行创新创业的城市（见表6-4）。

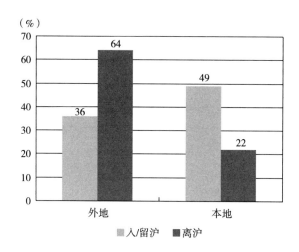

图6-6 上海与外地对入沪、离沪的意愿调查

资料来源：根据研究需要，设计得出。

表6-4 最宜创新创业城市意愿调查

选项	小计	比例（%）	
上海	57		31.84
北京	15		8.38
深圳	22		12.29
广州	9		5.03
杭州	54		30.17
其他	22		12.29

资料来源：根据研究需要，设计得出。

6.4.3 主要观点说明

通过调研和分析我们主要形成了以下观点：

科创中心的核心驱动力是思维，思维来源于人，科创中心的最终服务目标也是人。不论是科创中心起点还是最终的目标，以人为本是各项政策的形成源头和最终落脚点。

上海目前整体的创新文化建设还有待进一步加强。例如，绝大多数生活区的科技创新设施或服务设置和利用率不高，人们还比较缺乏勇于创新的勇气，相对缺乏大众文化氛围，在生活环境上，最重要的问题是生活成本过高，导致失败的成本过高，在一定程度上降低了对失败的宽容度。

上海未来推进创新理念与创新文化建设的主要发展思路，可以从群众、政府、企业与人才四大主体的创新理念培育着力，主要从社会、制度、工作与生活四大方面进行文化环境的打造，即群众创新文化理念的植入和革新，社会创新文化氛围的打造；政府创新管理理念的转变，制度创新文化氛围的完善；企业创新发展理念的结构转型，工作创新文化氛围的改进；人才创新培育理念的升级，生活创新文化氛围的改善。

6.5 上海城市科技创新要素体系创新动力的政策建议

6.5.1 加强创新理念基础教育，提高创新理念文化培养

基础教育中的创新学习是从根本上植入创新思想的重要途径，除了如前文所述，学习新加坡在各级教育中融入创业创新课程教育外，还应加强一些专业性的创新基础教育机构建设。如新加坡科技研究局于2011年设立"新加坡青少年科学家与工程师学院"，通过为青少年提供资源及平台，鼓励青少年主导科研相关活动，激发青少年的科研兴趣。上海也应针对青少年进行科技创新专业机构的建设和发展。

6.5.2 发掘大学科技创新的贡献，激发大学科技创新动力

大学不再纯粹是受教育和学术研究的场所，而应该直接参与社会财富的制造。这一人才培育理念是硅谷在斯坦福的引领下得以快速发展的经验之谈。斯坦福与哈佛、耶鲁、麻省理工等富有悠久历史传统的大学相比，主要凭借发展实用科学和开发技术，通过科学商业化创造和积累财富。对上海而言，相较复旦、交大、同济等传统名校，更应注重发展一些新兴、实用、务实的大学，集中资金、精力发展实用科学和技术开发，注重科技的商业化，增强基础研究和科技创新实力。如东华大学圈、松江大学城均有潜力成为创新基础开拓者。

上海应更多学习硅谷的产学研一体化经验。围绕以复旦为中心的东北片区，以上海交大为中心的西南片区、松江大学城片区进行产学研布局。鼓励企业与合作高校比邻而居，建立合作关系，高校科研人员的科学创新发现可直接与企业洽谈合作转化，学校可通过科学商业化创造和积累财富，再"反哺"用以改善学校办学条件，增强基础研究与科技创新实力。另外，高校还应积极建设自由创业创新孵化器，可提供创业资金、服务器、律师服务、创业导师和人际网络、量身定制的培训和专家辅导。

6.5.3 鼓励与保护大众创新热情，营造大众创新氛围

首先，加强对目前已有的"众创空间""创新屋""科技博览会"以及各项科技创新基础设施的宣传和利用，鼓励更多人参与到这些活动中来。可以通过各单位或社区派发免费赠票的方式促使更多人群参与感受。其次，可以学习特拉维夫的经验，由政府举办大型的"科技创新节、创业节"等活动，活动期间尽量创造浓厚的创新创业氛围，使普通大众都能感受到城市创新、创业的激情。

6.5.4 构建政府权力清单，开拓群力群策的有效渠道

上海政府的强管制和强执行力使上海成为最佳"受托人"，但同时也去除了创新的可能性。首先，政府要放松在科技创新方面的管制，应建立政府权力清单制度，即明确规定何为何不为。其次，上海应改变以往仅高层次专家学者和政府官员组织调研，提出决策予以执行的常态。开放相应的网络、电话或部门平台，专门收集某些重要决策的群众意见，鼓励社会各界人士对一些措施举措建言建议，提出意见甚至质疑。

6.5.5 推进小微企业的扶持与发展，提高高新技术行业发展动力

上海的民营企业、小微企业占比不多，被看作影响创新的一个重要原因。在企业的发展中由抓大"放"小向抓大"扶"小思路转变，通过一些政策实施真正扶持小微企业的发展。在这方面，上海可以学习硅谷经验，实施对小企业的税收优惠政策，如允许 35 个雇员以下的小企业在建设新的厂房或者改进厂房租用上享受减少 50% 的消费税等；经营净亏损可在 15 年内结转，以降低随后若干年应纳税收入的总额；建立"小企业特派员计划"，即选定所资助的小企业，委派特派员作为每一个项目的联络人，包括研究潜在的商业网站、定制清单、开发费用的估计、量身定制的巡视组、能源和水节约策略以及减税等事宜；政府对创新式企业的资本进入门槛也不宜设置过高，在硅谷、思科公司仅用 25 美元注册公司。另外，荷兰创新奖券制度也非常值得上海借鉴，即每家中小企业可单独申请或者通过组成团队向公共科研机构申请一张创新奖券。分配到创新奖券的中小企业需要系统地提出一个研究问题并委托科研机构解决该问题。与此同时，企业将创新奖券交给科研机构，科研机构再将中小企业所支付的创新奖券提交给荷兰创新与可持续发展局以换取货币补贴。创新奖券效果评估显示，80% 的项目基于创新奖券而产生。

第7章　上海城市创意人才要素 体系创新动力分析

　　"新"新经济（New New Economy）指建立在高度创新基础上的创意者经济。之所以"新"，是因为相较于新经济思想将技术和组织视为城市发展的主要动力源泉而言，在"新"新经济理论中，城市发展的主要动力已转向对人，尤其是对创意人才的关注。纵观人类四次经济增长转型，从工业化初期的投资驱动，到以制造业为主的工业社会对技术、信息的抢占和攫取，直至后工业化时期对创新知识和人才的开发与重用，无不彰显了人类社会在其经济发展道路上对资源的选择性利用。因此，当创意、创新逐渐成为经济发展的重要推动力时，人力资本及其生成的"智慧型"劳动也就成为当今重要的生产要素，能否拥有大量创意人才，汇聚创意源，将成为影响城市未来创新动力及其再生能力的关键因素。我们认为，创意人才是引领当前城市创新和文化创新动力的源泉，其在不同城市的流动与汇聚，在世界各国表现明显，这既是人才自由流动与选择的过程，也是市场优化配置人才资源的结果，他们"去哪里以及为什么去那里"将成为影响未来城市创新动力培育的关键内核因素。

7.1 创意人才要素体系的功能与建设思路

7.1.1 创意人才要素体系的功能

一个城市能否集聚大量创意人才，汇聚创意源，必将对城市内企业发展、产业升级、城市创新、经济转型产生重要影响。得益于文化强国战略的确立与实施，近年来我国创意人才规模急剧扩大，创意社群在各地城市不断涌现，作为创意力量，创意人群正逐步参与到城市全新的创新系统中，成为企业创新、城市创新、社会创新的"加速器"。

（1）创意人才要素体系与城市创新网络的耦合。创新是城市与生俱来的特质，长期以来，城市在社会经济发展中扮演着空间载体和创新场域的重要作用。创意人才要素体系强调创意思维开发，注重创意氛围培育，倡导创意与艺术、文化、技术、金融等相互融合，这种不同以往的独特性使创意人才要素体系与城市未来创新动力的营造、培育、再生之间的联系变得更加紧密和微妙。创意人才集聚是企业和投资接踵而来的先决条件，能进一步带动技术、资本、信息等生产要素的集聚，从而激发更多创新，进而推动城市演化为创新中心，这使创意人才要素体系与城市创新网络体系不谋而合，也使创新区域与创意人才集聚地接近一致。在美国，创意阶层集聚地几乎和科技创新中心"并驾齐驱"，排列最前的五个创意阶层集聚区中，就有三个同时位居全美前五大高科技产业区。

人才群体的规模和质量决定了城市创新系统的运行效率，人才集聚能带动城市生产效率的提高，使其工资水平、就业机会、经营环境、技术信息等整体高于非集聚区，这种优势吸引更多创意人才纷纷跟进，体现为横向人才集聚加粗、纵向人才集聚延长的态势，同时也引发金融、商业等相关配套行业的快速响应，进而产生就业乘数效应。

此外，创意人才在城市的集聚能带来城市区位品牌积累、羊群效应、规模效应和马太效应，最终促进城市人才集聚能力的整体提升，为城市未来创新动力提供源源不断的动力源泉。

（2）创意人才要素体系推动城市演化生长。始于18世纪的工业革命，引发了交通拥堵、环境恶化、空气污染、生活成本飙升、城市发展空间渐趋饱和等一系列问题，面对人才流失、企业外迁、产业转移和城市经济停滞，全球普遍关注与思考的问题是：如何激发城市创新动力，实现城市复兴？创意的提出与实践，正是源于解决工业城市遗留都市难题的现实需要。在城市发展进入后工业化时代的背景下，伴随产业转移、城市重生和创意产业兴起，创意城市成为推动城市复兴和重生的有效模式，成为后工业化时代城市发展的必然选择。

伴随经济发展核心要素和发展方式的转变，城市经济形态也相应地由资源型工业经济向信息经济、创意经济等知识经济形态转变。创意人才也伴随创意产业和创意城市的发展在城市区域得以不断集聚。作为城市产业组织结构、技术结构优化和升级的强劲动力，大量创意人才的集聚增强了城市持续演进的内生动力机制，促进城市提高宜居水平，由生产型向生态型、效益型城市转变。当年的曼彻斯特，通过重点发展金融业、旅游业和创意产业，已成功地由制造业城市转变为创意城市，带来城市的复兴。由此，创意人才体系对城市创新动力发展作用显著，是我国新型城市化发展的关键要素。

7.1.2　创意人才要素体系建设思路

"新"新经济背景下，唯有具备人才集聚优势的城市才是城市创新动力得以维持和激发的现代创新城市。城市未来的经济创新动力、技术创新动力、社会文化创新动力，都离不开创意与创新人才的聚集。然而，从现实来看，与我国近年来追求城市创新、技术创新形成鲜明对比的是，国内创意人才无论在总量、层次还是在专业结构、空间结构上都与发达国家存在较大差距，总量匮乏，质量不高，结构失衡，流动受限，地理分布不均，原创性、高端创意人才不足等问题导致创意思想市场化和产业化滞后，城市创新动力原生动力不足，创新效能提升缓慢。而创意人才要素的培育与构建路径主要有两个：本土培养与外来流入。

（1）本土培养与路径选择。城市未来创新动力作用的发挥最终取决于人才蓄水池的容量而非流量，为了解决"人才蓄水池"与"创意源"匮乏的问题，首先需要我们加强人才的本土开发和培养。对此，需要政府将创意人才培养问题置于国家创新发展的战略高度，联合高校、社会、企业多种力量，合理选择多渠道、多方式、多层次的发展路径和培养模式。显然，创意、创新人才的培养是项系统工程，需要政府、社会和学校通力合作，由于大学生是创意人才的储备力量，作为培养高素质创意人才的重要阵地，各高校应充分发挥人才培养基地作用，携手社会培训机构，建立以创意、创新为导向的多层次人才培养体系，注重对创新思维的孵化、保护和开发，重点培育"创意核心群""创意专业群"，为城市创新动力提供要素支撑。

（2）外来流入与城市选择。外来人才流入也是推进城市人才快速集聚的有效手段之一。针对创意人才队伍结构失衡问题，可以积极引进一批海外优秀创意人才和高端人才，以造就高素质的创意专业人才和经营管理人才队伍，构建城市合理的创意人才结构与层次体系。然而，创意人才的流入是自主选择的问题，城市只有具备足够的吸引力才能带来外部高端人才的不断流入并完成本地化嵌入，因此，在外来引进这条路径上，需要通过城市人才集聚能力的改善与提升，才能有效地解决创意人才"城市选择"这一现实问题。

7.2 创意人才空间流向

7.2.1 创意人才当前集聚态势

从世界范围来看，不论是欧美发达国家，还是发展中国家，创意人才总是出于对区位的依附关系而遵循如下规律朝特定城市流动汇集。

（1）全球分布概况。创意人才分布具有显著的地域指向性特点。目前，全球创意人才高度集中在美国和欧洲。其中，美国以占世界 20% ~ 30% 的比例独占鳌头，成为创意阶层人数最多的国家，目前，其创意人才占全美劳动力人口的 1/3。欧洲是第二大创意人才集聚地，其创意人员的就业比例不仅早已超过了传统行业，还正以惊人的速度递增。其中，荷兰、比利时、芬兰三国的创意人才就业比例高达 30%，在最早提出创意产业概念的英国，其创意产业也已成为该国雇用就业人数最多的产业。

全球最具创新动力的城市和地区，往往也是创意人才集聚度最高、最密集的地区。就城市层面而言，创意人才主要以群体的方式普遍集中在那些具有资源优势或经济发达的中心城市，如纽约、伦敦、东京、巴黎、洛杉矶、柏林、首尔、新加坡、中国香港等。在我国，创意人才同样具有"喜欢在创意城市集聚"的特征。根据 2013 年的统计数据，我国 30% 的创意从业人员高度集中在北京、上海、广州、深圳四大一线城市，这些城市正是我国城市经济最为活跃的地区，这种分布也体现了全球创意人才的共同特征。

（2）我国地域格局。尽管目前，我国创意人才规模尚未形成社会阶层力量，但在近四年来也以年均 12.3% 的速度在快速增长。在创意人才要素集聚水平方面，同样表现出十分明显的城市差异，在空间分布上，汇集于特定城市的极化现象表现明显：①与城市经济创新动力相匹配，我国创意人才主要集中于珠三角、长三角、环渤海等区域。表 7 – 1 显示了我国 2013 年创意从业人员的空间集聚度，从中不难看出，我国创意从业人员高度集中在东部沿海地区，在前十位排名中，东部省份就包揽八席，北京、江苏、上海、广东、辽宁、浙江位居前六，而北京、上海、江苏、浙江、广东在东部地区形成五个人才吸引力"波峰"。②近年来，出现"东部地区日益加强，中部地区明显改善"之势，由东部地区向中部地区梯次蔓延的态势和规律开始显现，表明我国中部区域的创意人才开始涌现并日益崛起，但西部地区创意人才集聚依然表现不突出。

（3）上海时空演变。以科学研究、技术服务，文化、体育和娱乐业，信息传输、软件和信息技术服务三大行业的创意从业人数作为创意人才规模指标，在 2005 ~ 2013 年，上海创意从业人数增长了 2.2 倍，以年均 13.54% 的速度快速增长。

表 7 – 1　我国 2013 年创意从业人数 LQ 值

区域	省份	修正前的 LQ		修正后的 LQ		
		LQ 值	排名	权重	LQ 值	排名
东部省份	北　京	3. 848663874	1	0. 150635285	0. 579744579	1
	江　苏	0. 802022833	22	0. 101478377	0. 081387975	2
	上　海	1. 626861687	2	0. 048611167	0. 079083645	3
	广　东	0. 786497098	24	0. 09415322	0. 074051234	4
	辽　宁	1. 071449875	8	0. 064981959	0. 069624912	5
	浙　江	0. 754825591	25	0. 083546676	0. 063063169	6
	山　东	0. 677608034	29	0. 049211097	0. 033345835	8
	河　北	0. 896381205	17	0. 030361465	0. 027215447	10
	福　建	0. 608589913	31	0. 025489698	0. 015512773	16
	天　津	1. 152173877	6	0. 012282864	0. 014151995	19
	广　西	0. 935030901	15	0. 013440478	0. 012567262	21
	海　南	0. 976637454	13	0. 00339362	0. 003314336	30

续表

区域	省份	修正前的 LQ		权重	修正后的 LQ	
		LQ 值	排名		LQ 值	排名
中部省份	湖　北	0.898232246	16	0.030989127	0.027835433	9
	湖　南	0.864054001	19	0.030845515	0.026652191	11
	安　徽	0.72399962	27	0.032686036	0.023664678	13
	河　南	0.640089612	30	0.03456709	0.022126035	14
	山　西	0.798799943	23	0.022878249	0.018275144	15
	吉　林	1.139548418	7	0.012736629	0.014514005	17
	江　西	0.723572599	28	0.017791645	0.012873547	20
	黑龙江	1.025290467	11	0.012142745	0.012449841	21
	内蒙古	1.066848583	9	0.007706088	0.008221229	25
西部省份	四　川	1.027778285	10	0.041170914	0.042314571	7
	陕　西	1.279633517	5	0.020006814	0.02560139	12
	云　南	0.947605253	14	0.015069941	0.014280355	18
	重　庆	0.724676347	26	0.014107958	0.010223703	23
	甘　肃	1.018225424	12	0.009046755	0.009211636	24
	贵　州	0.834915219	21	0.008500298	0.007097028	26
	新　疆	0.835464929	20	0.006817981	0.005696184	27
	西　藏	1.522403879	3	0.003222574	0.004906059	28
	青　海	1.360421228	4	0.00273255	0.003717419	29
	宁　夏	0.882144908	18	0.003756686	0.003313941	31

资料来源：根据 2014 年《中国统计年鉴》《中国劳动统计年鉴》《中国文化文物统计年鉴》《中国第三产业统计年鉴》以及国家相关部委平台发布的统计报告数据计算。

　　上海的创意人才是基于创意产业在老仓库、老厂房、老弄堂的基础上而兴起的。从空间分布来看，在 92 家（截至 2015 年）市级创意产业园中，有约 2/3（63 家）由老厂房改建而来，还有超过 1/3 的园区（33 家）分布于高校或科研院所周边，如国内首家以产学研为一体、依托上海师范大学美术学院建立起来的"设计工厂"，依托同济大学土木建筑专业的人才优势而集聚起来的"昂立创意设计园"，借助上海交通大学发展起来的"天山软件园"

和"乐山软件园"等。从图7-1中不难发现，在东华大学、工程技术大学、外贸学院、上海交大、同济大学、复旦大学等高校附近，上海集聚了数家创意产业园区，为上海创意产业人才的培养提供了极好的平台。

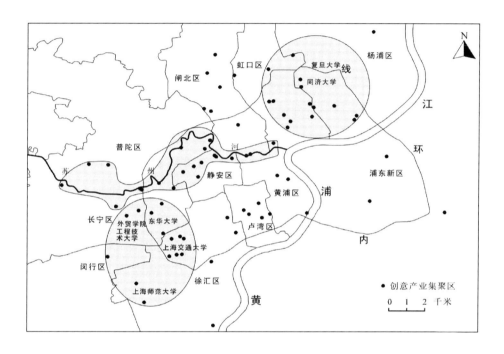

图7-1　上海创意产业集聚区分布

资料来源：根据研究需要，设计得出。

上海的创意园区大多数分布在内环及 CBD 周围，主要以艺术、设计、策划、广告类创意人才集聚为主。如以田子坊、8 号桥等为代表的创意园区云集了大量视觉艺术、工艺美术、影视制作等创意人才，环同济集聚区则聚集了大量建筑设计类创意人才，目前共有1700多家企业入驻；杨浦区动漫衍生产业园是上海动漫类创意人才的主要集聚地，园区共吸引相关企业541家；在上海内环、外环间地域，由于周边高校与科研机构云集，因此，更大规模地从事研发设计、软件开发的创意人士云集于此。

7.2.2　创意人才城市选择类型与规律

（1）资源诱导型。区域因素是促进创意人才发生集聚的诱发性条件和基础之一。因为具有设施完善、交通便利、信息密集、技术集中、市场需求旺盛等优势，城市自然成为吸引大量创意人才流动汇集的首选场所。对创意人才而言，影响其空间流向的城市因素主要涉及城市的经济环境与资源禀赋。其中，经济环境主要包括便捷的交通网络体系，完善的城市金融、市场需求与技术环境。而特定地域的资源赋存、文化传统、消费观念与水平等也是影响其城市选择的重要考量。

在众多影响创意人才集聚的资源要素中，文化资源发挥的作用越来越突出。那些具有独特、丰富文化资源的特定城市与区域，由于具备了资源开发利用的潜在优势，从而为创意人才在该区域的流动、集聚、发展提供了可能。

总之，创意人才具有向优势资源、经济发达城市进行集中的规律。各区域因自身资源禀赋不同，环境存在差异，对创意人才的吸引力也有所不同，从而相继带来创意产业集群发展类型与水平的差异。

（2）经济依赖型。20世纪90年代以后，传统工业城市面临改造，开始探索新的产业发展模式，彼时，旧城区在工业化时期所产生的旧厂房、旧仓库，严重影响城市形象，因而租金极为低廉，这一点正好满足了艺术家对经济成本控制的需要；这些废弃厂房虽然破旧，但往往位于市中心，地理位置非常便利，正好又充分迎合了创意人才对城市利便性的需求。在上述考量下，艺术家开始流向这些区域，并不断吸引相关企业和更多创意人才集聚，成为城市创新集聚区。

然而，伴随园区规模、品牌、声誉的日渐形成，逐利的资本开始强势介入，以往的艺术氛围逐渐被浓郁的商业气息所替代，从而引发地价和租金的大幅上扬。在此压力下，艺术家被迫迁出，不得不寻求下一个城市衰败区域，重新打造下一个创意人才集聚地。图7-2形象地显示了创意人才集聚受经济要素支配影响的变化路径：从工业区位的旧厂房、旧仓库到创意人才汇聚的艺术中心再到高消费的城市创意商业区域，从工业生产空间到公共文化空间再到文化经济空间，从城市边缘到市中心再到城市另一个边缘，如此循环反复，创意人群就在集聚区功能、城市功能的不断转换中完成一次又一次的迁徙。

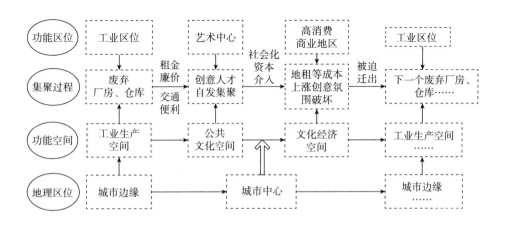

图7-2 创意人才空间迁移

资料来源：根据研究需要，设计得出。

（3）关系缔结型。大学及科研机构拥有强大的科技创新实力，具备高层次的专业人才以及先进的专业设备，出于对信息、人才、技术等要素的便利性获取以及对知识溢出效应、正外部性的追求，创意人才沿高等院校、科研机构密集分布的规律在全球也表现得明显。在英国，位于伦敦东区的霍克斯顿，因临近剑桥大学而聚集了500多家创意企业和大量创意人才，成为世界著名的创意产业聚集区。加拿大BC省动画产业园毗邻哥伦比亚大学，通过依托该校教授、专家、优秀学生的科研优势而成为北美三大影视制作中心之一（另两个中心在纽约和洛杉矶），高校的人才密集优势正是BC省创意产业发展的最初支撑点。

创意人才在靠近高等院校或科研机构周边集聚，还能产生人才累积效应，即大量创意人才在大学毕业时，受求学期间所形成的人际关系、社会网络、对周边环境比较熟悉等原因的影响而选择优先在高校周边区域内企业就职，或者运用自身专业知识直接创业，这种毕业后继续聚集在高等院校、科研院所周边的态势使创新区域不断壮大，其所产生的正外部性是其他地区所不具备、无法复制的。

（4）政策驱动型。高新技术产业、文化创意产业等作为城市创新动力的产业基础，各国政府都在政策制度上予以了大力扶持和极力推动，在我国主要体现为相关园区的主动规划与建设，因而新兴园区也就成为广大创意人才的汇集地。伴随园区外部环境、运营管理的日益优化，创意人才及相关行业劳动力不断涌入，甚至形成专业化的人才市场，出于对人才资源获取的便利性以及减少劳动力搜寻成本，企业更乐于选择人力资源充沛的园区入驻，从而形成创意人才集聚与产业集群两者之间的良性互动，这种"滚雪球式"的集聚效应机制不断吸引更多创意人才汇集于园区。

产业园区对创意人才的汇聚作用十分突出。如上海92个创意产业集聚区在2011年总计入住企业8231家，从业人员达11.47万，其中，作为国家级示范基地，张江文化园区通过提供产业孵化器专项补贴、建设人才公寓等"张江聚才计划"，成功吸引了大批优秀创意创新人才，此外，园区还引入专业培训机构，加强对专业人员和后备人才的培训与再教育，使园区持续创新获得重要保障。

7.3　创意人才自发集聚的普遍动因

创意人才能引发"创新"，当大量创意人才集聚于特定空间，展开通力合作时，往往能将特定"点"上的创新上升为"面"的突破，从而使创意人才集聚的总体贡献表现为"加速创新"。如图 7-3 所示，作为一种深层次的要素空间流动，创意人才的集聚本身就是一个受宏观（区域）、中观（产业集群）、微观（企业与个人）多层次因素影响的问题，来自人口学、管理学、社会学、经济学等不同领域的学者均对此予以了相应的理论阐述。

图 7-3 人才集聚多层次影响结构

资料来源：根据研究需要，设计得出。

创意人才的流动与集聚深受多重动力支配，尽管不同行业类型的人才在流动决策中所关注的重点、重心存在差异，但本书将在充分考虑人才异质性特点的基础上，借鉴人口迁移中"推—拉理论"的视角并参考学者牛冲槐、崔静等将人才流动动因分为引致性和驱致性两种类型的相关文献，从"内部驱动"与"外部引力"两个层面探讨创意人才空间流动与集聚的普遍动因。其中，"内部推力"主要源于创意人才对物质利益与精神层面的追求，而产业集聚对要素的依赖、产业链分工对人才互补协同的客观要求则成为人才流动与集聚的外部"拉力"。表 7-2 对此予以了概括说明。

7.3.1 基于利益最大化的物质工具理性

在市场经济条件下，"利益"对于人才集聚具有导向作用。现实表明，尽

表 7 - 2　创意人才自发集聚普遍动因

动因	分类	具体表现	影响因素解释归因
内部驱动推力	基于物质利益的工具理性	对薪酬福利、社会保障的追求 对工作、生活环境的改善 获得更好的城市公共服务与管理 ……	个人因素：性别、年龄、个性、地域等基本特征 环境因素：地理区位、经济发展水平与潜力、城市外部生活环境与企业内部工作环境、城市文化与地位、气候生态等
	来自精神层面的价值理性	同行评议 声誉积累与社会地位提高 个人成长潜力与发展空间 社会人际网络关系拓展 ……	
外部客观拉力	产业链分工	人才异质 互补协同	社会因素：家庭、婚姻、求学等
	产业集聚	要素共生 自增强机制	

资料来源：根据研究需要，自行整理设计。

管流出地并非一定是机会最差，但通常人才还是被吸引流向那些要素边际报酬、机会更好的地区（张秀艳、徐立本，2003）。有研究表明，工资增长10%，在其他工作条件不变的条件下，辞职率将减少3%（Ann Bartel，1992）。虽然不少文献业已表明，创意人才在价值取向、行为方式、心理需求等方面具有有别于传统产业人才的特质与属性，但作为社会系统中的"经济人"个体，依然要受经济发展规律的支配与影响。以最小投入获得最大收益，是一切生产要素发生聚散与重组的原生动力，在市场经济中，资源的稀缺性通常在市场机制和政府的调控下出现在不同地区或产业间的不均衡配置，这种差异为人才的流动指明了方向。如若能获得比流出地更高的经济收益或更多有利于个人成长的机会与条件，人才流动便有可能发生，并在一定程度上决定着人才流向。因此，基于利益最大化的物质趋利与自利（Self - interest）动机，是驱动创意人才发生空间流动与集聚的最为基本的内在经济动因。当然，驱动力的大小、强弱、时效、结构等特征将与人才的人口学特征（如年龄、性别）、个性特征（如喜好挑战或满足现状）、社会因素（如家庭、婚姻）、工作因素（如当前工作满意度与匹配度）等密切相关。

在空间流动的选择上，创意人才与一般资本要素一样具有工具理性。根据伊兰伯格和阿瑟·刘易斯的劳动经济学理论，创意人才在空间转移的过程中，必然要承担流动成本、流入地较高的安居费用以及背井离乡、脱离原有生存环境和社会关系的心理成本。由于人才流动净收益 = 人才流动后收益 − 人才流动前收益 − 人才流动成本，因此，只有在流入地的预期收益现值超过了上述货币成本和心理成本的总和时，人才流动才会理性发生。也即净收益的现值是影响人才流动的最终经济决定因素。伊兰伯格的流动净收益现值的计算公式表述如下：

$$S = \sum_{t=1}^{T} \frac{(B_{jt} - B_{ot})}{(1 + r)^t} - C \qquad (7-1)$$

其中，T 为流动人口在新工作 j 上预期的工作年限；S 为从第 1 年到第 T 年中每年净收益贴现值的总和。B_{jt}、B_{ot} 分别为流动人口在 t 年时从新工作 j、原工作 o 中所获得的效用；r 为贴现率；C 为在流动过程中所产生的效用损失，包括直接成本和心理成本。

该模型指出，人才流动的净收益现值与其在新工作中获得的效用、在新地区停留或生活的时间正相关，与流动成本负相关（张秀艳、徐立本，2003）。具体来看，B_{jt} 的大小一方面与人才的年龄、教育水平和专业技能有关，另一方面又受流入地工资水平的影响。总体而言，由于年轻人（The Younger）原有工作时限相对较短，对新工作的预期年限较长，因此，他们在新工作中获得的预期收益要大于年老者（The Old），即 $B_{jty} > B_{jto}$，但从原工作中获得的收益将小于年老者，即 $B_{oty} < B_{oto}$。对流动成本 C 而言，直接成本主要涉及迁移、终止原有关系、寻找新工作的费用等货币因素，当新工作的预期收益超过货币成本时，非货币成本，即心理成本将成为影响人才流动的

关键因素。显然，年老者由于具有更为浓密的网络关系，因而其心理成本远比年轻人大，这使后者的流动成本小于前者（$C_y < C_o$），最终使年轻人流动的全部净收益现值大于年老者（$S_y > S_o$）。这在一定程度上解释了创意人才的流动主要以年轻人为主的现象。

如前所述，创意人才具有集中于经济发达的中心城市或大都市的地域指向性特征，就我国而言，有近 1/3 的创意从业人员高度聚集于收入水平位居全国前列的北、上、广、深四大一线城市，如果单从预期收益看，创意人才将由于流入地与流出地两者间较大的收入水平差（$B_{jt} - B_{ot}$）而获得良好的净收益贴现值，但不容忽视、必须予以考虑的是，近年来，伴随国内城市房价的持续高企，外来创意人才在流入地的生活成本支出也日益看涨。中国社科院《住房绿皮书——中国住房发展报告（2013—2014）》指出，北京、深圳、南京、乌鲁木齐等一、二线城市，其居民的房屋租金占可支配收入的一半或以上（倪鹏飞、高广春等，2013），居高不下的生存压力让"逃离北、上、广"思潮在社会上曾一度盛行。可见，在影响创意人才空间流动与集聚的物质利益因素中，增加对流入地"最大成本支出"的考量已成为客观现实要求。在此，考虑主要消费成本的流动净收益的表达式，即调整后的计算公式表述为：

$$V = \sum_{t=1}^{T} \frac{(B_{jt} - \max C_{jt}) - (B_{pt} - \max C_{pt})}{(1 + r)^t} - C \qquad (7-2)$$

整理后得：

$$V = \sum_{t=1}^{T} \frac{(B_{jt} - B_{pt}) + (\max C_{pt} - \max C_{jt})}{(1 + r)^t} - C \qquad (7-3)$$

其中，V 表示创意人才自流入到目的地第 1 年到第 T 年中获得的总的净收益，由于涉及未来收益，因而对其进行贴现处理。B_{jt} 为创意人才在 t 年时从新工作 j 中获得的收益，主要包括获得一个薪酬更高的工作和更多的货币收入，享有更加适宜的工作场所和环境，享受其他服务与待遇。B_{pt} 为创意人才 t 年时从原工作（Prior）中获得的收益，包括原工作所获得的工资、奖金等货币收入，各种福利待遇，已有的良好人际关系和工作环境。$\max C_{pt}$、$\max C_{jt}$ 分别为创意人才 t 年时在原工作与新工作中最大的成本支出，因此，$(B_{pt}-\max C_{pt})$ 和 $(B_{pt}-\max C_{jt})$ 可以理解为创意人才 t 年时分别在原工作与新工作中获得的最大净收益；C 为创意人才在流动中所产生的成本，学者朱杏珍（2002）将上述成本具体划分为：①流动所需的必要费用；②流动引起的心理成本；③由不确定性引起的成本；④因政府行政管理而增加的成本；⑤培训费用。

7.3.2 基于声誉与地位的精神价值理性

作为一种人力资本，创意人才同其他资本要素一样，也会不断寻求自身增值的机会。在空间流动与集聚行为中，创意人才除了受经济利益驱使外，更在精神层面上表现出价值理性追求，如实现自身声誉在业界的积累，获得足够的社会尊重的地位感与归属感，完成创业梦想等，这些都是推动创意人才做出空间选择的更高层次的内在需求与动力。当在原有区域内才能被埋没，无法得到重用，创意人才通常会产生流动愿景，希望通过空间流动更好地实现自我价值。

声誉是一个人基于长期业绩、行为和品德的综合体现，其核心是信任，而信任是人际交往的前提（黄群慧、李春琦，2001）。亚当·斯密（1776）曾有论述："各地方金匠和宝石匠的工资，不仅比许多需要相同技巧的其他劳动者高，而且比一些需要更大技巧的其他劳动者高。这是因为有贵重的材料托付给他们……像这样重大的信任决不能贸然委托给微不足道的人。"对文化创意产品而言，创意在产品价值中发挥关键作用，企业通常不会冒巨大风险，轻易将研发、构思、设计等高附加值重任贸然托付给一个声誉尚不明朗的"无名之士"，因此，作为交易关系中一种不可或缺的作用机制，声誉在文化创意经济活动中影响显著。

从管理学视角看，创意人才对声誉的追求既体现了麦克利兰（MeClel-

land）关于高成就的需要，同时也契合了马斯洛（Maslow）关于尊重与自我
实现的需要，这正是创意人才明显区别于传统产业人才的特质所在。从经济
学观点来看，声誉被视为一种价值性资产，具有同制度一样"减少交易风
险、降低交易成本"的作用（D. C. 诺思，1993）。根据法玛（Fama）——
最早研究声誉激励的学者思想，在现代人才市场竞争中，创意人才的市场价
值取决于其过去的经营业绩，即使显性激励合同缺失，他们依然会通过努力
工作，改善自身声誉来提高未来收入。此后，KMRW 模型、代理人市场—声
誉模型均对声誉机制的作用机理展开了正规经济学模型分析，指出声誉是人
才出于对长期利益的追求而展开的长期动态重复博弈的结果。良好的职业声
誉能提高人才在市场上的议价能力与博弈能力（肖晓勇、罗育林，2010），
对提高其未来收入、确保长期利益具有积极作用，因此，声誉成为激励和约
束创意人才相关行为的重要因素。

本书借鉴声誉模型思路，将其运用于创意人才基于声誉驱动的空间流动
与集聚分析中，得到如下简化模型：

假定创意人才存在 n 个工作阶段，$t = 1$，2，$\cdots$，n，每一阶段的产出函
数为：

$$F_t = \alpha_t + \beta + \mu_t, \quad t = 1, 2, \cdots, n \tag{7-4}$$

其中，F_t 为创意人才产出水平，α_t 为创意人才的努力程度，β 为创意人
才的个人能力（假定与时间无关），μ_t 为外生随机变量，若 θ、μ_t 呈正态独立
分布，$E(\beta) = E(\mu) = 0$，$\mathrm{cov}(\mu_t) = 0$，则创意人才的效用函数可简单表示为：

$$U = w_{t-1} - c(\alpha_{t-1}) + w_t - c(\alpha_t) \tag{7-5}$$

其中，w_t 为创意人才在 t 期的收益，$c(\alpha_t)$ 为努力的负效用，设其为严格
递增的凸函数，满足 $c'(\alpha_t) = 0$。

特定区域内，若委托—代理关系属于一次性（$t = 1$），则创意人才不会有
任何努力工作的积极性，此时对应 $\alpha_t = 0$，$c'(\alpha_t) = 0$。F_t 由个人能力 β 及随
机变量 μ_t 决定。然而，当 $t \geq 2$，代理关系需要维持两个及更多时期时，创意

人才在第一阶段的最优努力 α_1 将大于零。原因在于，在声誉形成的初始时期，创意人才的收益将主要取决并依赖于企业对创意人才所做努力 α_t 的预期。而 α_t 通过对 F_t 的作用继而影响这种预期。在此阶段，企业与创意人才之间的博弈通常体现为，让创意人才担任较低职位或承担较低责任，把对其能力和贡献的考察与测定作为是否长期雇佣、内部晋升、薪酬待遇的重要依据。因此，为了确保获得长期收益，在所有 $t-1$ 期之前，创意人才做出的努力 α_t 均会为正，直到他发现，当自身声誉积累到让同样的努力 α_t 在其他区域有可能获得更大的收益 F_t 时，他在 t 期的努力将归于 0。这是因为，基于创意人才与其他参与人重复博弈的特性，在最后阶段（$t=n$ 时期），创意人才一方面无须再考虑原有关系中的声誉问题，另一方面由于承接了 $t-1$ 时期的效用（w_{t-1}），即使 t 时期的努力 α_t 为 0，也能让该创意人才的产出 F_t 等于 α_{t-1} 并大于 0。由于后一阶段的努力所对应的收益总是建立在前一时期的结果之上，因此，为了确保未来更好的长期收益，创意人才在最后阶段将离开原定区域，流向新的空间，在既有的声誉层面上开启新一轮的声誉积累。

当然，声誉对创意人才的驱动作用还受多方面因素的影响。当声誉质量不能准确地反映创意人才的实际业绩，或在事业的结束阶段，创意人才对未来收入预期较低时，此时声誉的作用将有可能减弱。相反，当改变职业（转行）的成本较高时，创意人才对声誉的重视又会增强。

此外，由于同行评议具有帮助创意人才获得前沿信息、提供专业指导、扩展交际网络等正外部性，因而在创意人才声誉的形成与拓展中发挥重要作用。通常，创意具有抽象性、专业性与内容属性，市场消费者对某些文化创意产品，如电影、绘画、雕塑等的价值判断难免会与设计者本身的价值评判出现一定程度甚至很大程度的偏差，从而给创意人才声誉的积累带来消极影响，此时，创意人才将更看重并依赖来自同行专家的专业评议，为了更便于获得同行评议所产生的上述正外部性，创意人才将会趋于流向同行专家更为密集的集聚地，并努力使自己嵌入同行网络，使声誉的形成与积累获得更多业界的评判与支持。

7.3.3 基于产业链分工的人才异质与互补协同

（1）人才异质的三种共生类型。人才异质互补现象普遍存在于现实生活中，所谓异质人才是指受过不同类型的教育，提供不同性质劳动的人（宋艳涛、李燕，2011）。文化创意产业是知识密集型产业，需要大批从事创意、设计、生产、销售等不同性质、不同专业、不同类型的人才支撑。在特定空间环境下，这些异质类人才除了相互竞争外，还存在相互依存和共生的关系。这种关系具体分为三类：第一类为寄生型。指一方（A）能独立生存，但另一方（B）必须依靠他方（A）才能获得生存和发展。与此同时，一方（A）在提供另一方（B）帮助时自身也能获得好处，如创意企业与营销中介、创意企业主与初涉职场的新生创意人才之间的关系。第二类为双赢型。这种类型的人才都能独立生存，但当一方彼此获得另一方帮助时，自身能获利更大。根据获利的大小，双赢型关系又可细分为对称互利共生和非对称互利共生两类。例如，媒体与创意企业，以及来自同一企业不同部门、不同专业的同级别的创意人才之间均可视为这种关系。与双赢型相对应，第三类是指各类人才彼此不能独立生存，需要以对方的存在为前提，否则就只能逐出市场或消亡，此谓共济型（或共栖型），如创意企业与消费者之间的关系就具有这种特征。从人才层面看，共济型关系通常涉及的是那些多工序、多环节等复杂生产任务、需要各异质类人才彼此高度配合才能完成的行业，如航天飞机、卫星等高科技精密行业。

人才异质是导致劳动分工的原因之一，也是劳动分工引发的必然结果。Smith（1776）将劳动分工划分为社会分工与产业分工两类。前者针对人们在社会中的不同职业与专业，后者则指不同企业在同一生产过程中分别执行不同的任务，它又被细分为企业间的生产专业化分工和企业内的劳动差异化分工。由于创意人才是一类涉及不同行业领域的人才综合体，因此，从严格意

义上看，创意人才的异质性对上述两种分类均可涉猎，但本书更强调产业
分工。

产业链是产业分工的直观反映。在有关文化创意产业的学术研究中，学
者也是首先从劳动分工的角度对其产业链问题进行探索（王克岭、陈微等，
2013）。由于产业链上每一个环节都离不开不同要素的投入，也由于马克思关
于"一定的产业总是坐落在一定的区域空间上"的论断，因此，基于劳动分工
的文化创意产业链对异质人才的需求成为创意人才流向特定空间的外部拉力。

（2）在分工视角下的文化创意产业链演化。目前，关于文化创意产业链
仍没有一个统一的界定，尽管完整的过程可以简单地划分为原始创意、创意
产品生产、创意产品商品化几个环节，但作为一种开放性产业，文化创意产
业链的延展性极强，能不断随创意的出现而得以拓展，以至于被界定为：
"消费者使用文化创意产品前的所有环节。"（杨留华，2015）黄鑫英、许斗
斗（2010）则从创意人才视角，对文化创意产业链概念进行了表述——从创
意源到创意成果产业化过程中，由创意人才通过一系列创意活动形成的产业
增值链条集合体。

文化创意产业链随科学技术及外部环境的变化而变化，经历了从链状—
网状—生态系统的演化历程（王克岭、陈微等，2013）。如表 7 – 3 所示，在
市场环境相对稳定的发展初期，文化创意产业链主要表现为纵向一体化的链
状结构，各参与主体在相对封闭的环境中自给自足，以单向流动的方式完成
协作。伴随经济全球化浪潮的来袭，产业链上各参与主体开始凭借各自优势，
试图参与、"嵌入"到更大范围（甚至是全球）的文化创意产业价值链中，
而且，新兴技术手段的出现、市场需求的增加，以及文化创意产业向传统行
业的渗透、融合等，均使文化创意产业的组织边界不断模糊和扩大，在这种
日益开放的环境下，文化创意产业的价值体系开始彰显出强大的关联性和辐
射力，不断衍生出大量的诸如设计企业、制造商等相关主体，它们围绕核心
创意（亦称核心中间人）实现在特定地理空间的集聚，并开启双向交流互

动，使文化创意产业链表现为网络结构。

表7-3　在分工视角下的文化创意产业链演化与实例

类型	特征	实例	产业链环节
链状结构	纵向一体化；自给自足，封闭缺陷；适合相对稳定的市场环境	音乐（Dane & Laing, 1998）	音乐载体的制造商、创作者、出版商、零售商和分销商
		网络电视（IPTV）（刘多、徐贵宝, 2005）	网络、内容服务、应用软件等提供商；设备制造商、网络系统集成商、中间件与数字版权管理提供商、最终用户
		广告（王克岭、陈微等, 2013）	广告主、广告公司（主导）、广告媒介及广告受众
		电影（孙洁, 2015）	开发、前期制作、拍摄、后期制作和影院发行、放映、衍生品开发等环节
		民族文化旅游（王克岭、马春光, 2010）	文化体验、衍生产品、餐饮服务、夜间表演
网状结构	横向一体化；开放式，双向互动；由一个核心中间人管理协调各种资源	电视产业（王克岭、芮明杰, 2010）	独立的制片公司担任中间人
		演艺业（王克岭、芮明杰, 2010）	剧场方担任中间人
产业链生态系统	基于共生理论和系统视角，关注资源循环利用，实现可持续发展	旅游（Gunn, 1994）	吸引、运输、服务、信息和推广
		电影（Johnson & Ollivier, 2007）	内部制作机构：财务、市场、发行主体、内容提供商与授权人、网络运营商、唱片公司、门户网站、游戏制作商和出版商外围结构：后期制作、发行机构、设备提供商
		时尚（Weller, 2008）	设计师、媒体、消费品经销商、举办城市

资料来源：根据研究需要，自行整理设计。

目前，国内大部分有关文化创意产业链的研究涉及的主要为上述两种类

型。然而，网络结构不能反映产业链上各环节的资源循环利用，不利于人类
社会的可持续发展，在此背景下，基于共生理论的产业生态系统被提出，它
将文化创意产业链视为一个生态系统，对各主体之间的合作与制约机制以及
资源的循环利用等问题进行考察，现在世界范围内快速推广。图 7－4 为谭娜
（2014）所构建的文化创意产业链生态系统。

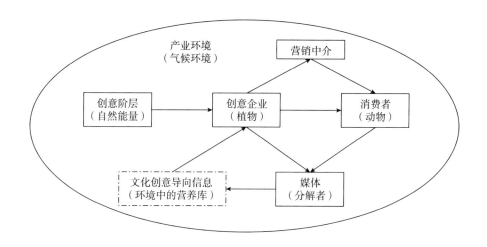

图 7－4　文化创意产业链生态系统

资料来源：谭娜（2014）。

（3）文化创意产业链对异质性创意人才的需求引力。文化创意产业链的
演变一方面拓展了产业分工新的参与主体，使产业边界和参与组织数量得到
不断扩充；另一方面也拓宽了既有主体的市场范围，加深了既有主体的社会
化嵌入及其在分工体系中的参与程度。Smith（1776）曾指出，"分工受限于
市场的大小"，而市场的大小同样依赖于分工的水平。文化创意产业链上各
参与主体市场范围的扩大加深了产业分工，分工的细化又反过来促进市场的
扩大，这种良性演化使链上的参与主体对创意人才产生源源不断的新需求，
不仅在人才数量上要求急剧扩张，还对创意人才的专业、技术、地域、类型

等层面提出新的要求，这种需求逐渐使集聚地成为"创意人才需求高地"，并形成或加剧了集聚地与非集聚地两者的"人才引力势差"，这种势差自然地内生为一种人才拉力，吸引并推动各类创意人才趋之若鹜、前往汇聚，产生强烈的拉动效应。此后，这些异质类创意人才基于劳动分工的互补协同及与其他创意人才间的共生关系，做出"留"或"走"的行为决策，经年累月，逐渐完成由"集"到"聚"的转换，继而产生集聚效应，具体如图7－5所示。

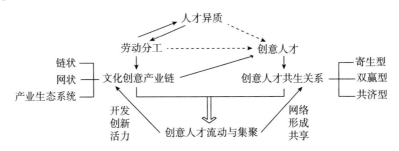

图7－5　在分工视角下文化创意产业链对创意人才的拉力

创新是一项系统工程，离不开各类异质性人才的协同合作。文化创意产业链上各参与主体对创意人才的需求拉力是一种客观存在，它随着产业链的演化而发生变化，在全球化进程下，分工在智力层面上更为精细（丁忠锋、张正萍，2016），可以判断，基于产业链的劳动分工对人才的拉力将更为强化。

7.3.4　基于产业集聚对人才集聚的要素共生

（1）产业集聚与人才集聚的相互关系。区域经济发展中产业集聚与人才集聚具有共生关系。作为产业发展的核心要素与先导性条件，文化创意产业集聚地的形成首先离不开创意人才在特定地域的流动与集聚，其作用通常表现为人才在当地的创业活动，这是推动集聚地形成的必要基础，正如Taylor

（1980）所描述的："人才集聚能够培育产业、企业家能力和有利的商业环境，进而进一步促进人才集聚。"同样，在后续发展演化中，集聚地基于自身规模扩张和良好成长性而对创意人才产生强大需求，而且，伴随创业环境改善、地域声誉形成等优势条件，集聚地本身对创意人才的吸引能力也大幅增强，由此产生的吸引与拉动作用促使人才源源不断地流入集聚地。产业集群对人才集聚的这种推动作用如图7-6所示。

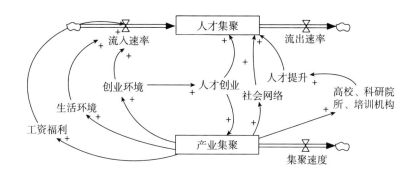

图7-6　产业集聚对人才集聚的系统动力

资料来源：基于李乃文、李方正（2011）文献修改。

由上可见，根据"推—拉理论"，文化创意产业集聚是以对创意人才的强大外部拉力出现的（李乃文、李方正，2011），产业集聚只有获得人才集聚支撑，人才集聚只有服务于产业集聚要求，才能使人才与集聚地双方实现共同发展。从创意人才来源来看，人才的集聚状况将同时受制于外部人才流入与内部人才保留两个方面，其中，外部创意人才的流入是推动文化创意集聚地创新发展的主要动力。因此，文化创意产业集聚对要素的共生需求成为驱动外部创意人才流入集聚地的客观动因之一。

（2）产业集聚对人才集聚的阶段性作用力表现。产业集群在不同的发展阶段有着不同的规模和成长性，因此对人才集聚的拉力表现也自然存在阶段性差异。"推—拉理论"是研究人口跨区域迁移原因的重要理论，本书同样借鉴该理论的"推—拉"视角，同时在参考周均旭（2010）文献的基础上对产业集聚对人才吸引的阶段性引力作用展开分析。

Fujita M. Krugman（2004）指出："经济地理学任何有趣的模型要充分反映这样两种力量的较量：推动经济活动聚集在一起的'向心力'和阻止这种集聚或限制聚集规模的'离心力'。"人口的流动与迁移就是迁出地推力与迁入地拉力共同作用的结果，更多的发展机会与成长空间、更好的薪资福利与工作环境等成为吸引外部创意人才流入集聚地的向心力（Pull），而激烈的市场竞争、饱和的市场需求等拥挤效应以及不断上涨的成本支出等成为导致人才流出集聚地的离心力（Push），这两种作用力在同一集聚地同时并存。因此，文化创意产业集聚地对人才的最终作用大小（Industrial Cluster Cohesion）将由上述两种力量相互抵消后的结果决定。

图7-7形象地说明了文化创意产业集聚地在不同的发展阶段对创意人才的作用力表现。不难看出，在萌芽起步期，外部人才的流入具有偶然性、小规模性，集聚地对人才的引力作用才刚刚起步，离心力尚未显现，因此总体体现为弱集聚力。进入吸引提升阶段，人才流入开始不断加速，从人才集聚增量曲线与存量曲线不断靠近的趋势可得知，集聚地在此时期的人才存量绝大部分依靠从外部流入的净增量，人才流入远大于人才流出使这一阶段的人才引力主要体现为集聚地对人才的强拉力。伴随创意人才在集聚地的逐渐根植和当地化嵌入，集聚地开始进入拥有数量众多的创意企业和人才的相对稳定状态，发达的社会网络、长期形成的缄默知识等集群内部共享的资源使集聚地的向心力得到强化和巩固，内部已有人才不愿流出，人才得以保留。但进入该阶段后期，伴随竞争加剧、房租上升等不利因素，集聚地离心力不断增强，人才进出活跃度开始减弱，流入的人才有所放缓，人才流出开始显现，总体上表现为流入流出相对平衡状态，出现人才集聚的"高原"现象。此后，过度的路径依赖导致的封闭锁定效应，使成熟人才创造性衰减，企业竞争力减弱；外部环境突变导致企业经营风险增加，死亡率提高；生命周期规

律也使集聚地发展进入衰退期，此时的集聚地，对人才的向心力主要依靠内部锁定在勉强维持，新生人才大量流失，人才增量开始递减。面对挑战，集聚地只有实现产业的成功转型与升级，才能重新进入更新与再生阶段。

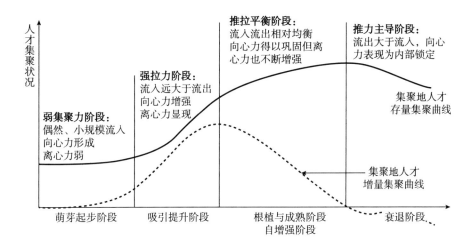

图7-7　文化创意产业集聚对创意人才的阶段性引力表现

资料来源：根据研究需要，设计得出。

为了更细致、详尽地阐述产业集聚地对人才引力的作用表现，本书在此引入外部的"非集聚地（区）"用于对比分析，表达如下：

$$ICC_A = Pull_A - Push_A$$

$$ICC_B = Pull_B - Push_B \qquad (7-6)$$

$$N_{pull} = Pull_A - Pull_B$$

$$N_{push} = Push_A - Push_B \qquad (7-7)$$

$$\pi = ICC_A - ICC_B$$

$$= (Pull_A - Push_A) - (Pull_B - Push_B)$$

$$= (Pull_A - Pull_B) - (Push_A - Push_B)$$

$$= N_{Pull} - N_{Push} \qquad (7-8)$$

其中，式（7-6）中的 A 代表文化创意产业集聚地，B 代表非集聚地，$Pull_A$、$Pull_B$ 分别表示 A、B 两地对人才的拉力，$Push_A$、$Push_B$ 表示 A、B 两地对人才的推力。两地各自的拉力与推力的差额（$Pull_A - Push_A$）和（$Pull_B - Push_B$）即为集聚地 A 和非集聚地 B 吸引人才流入的综合动力，分别用 ICC_A、ICC_B 表示。

式（7-7）中 N_{pull} 表示为 A、B 两地对人才的拉力差额，可以将其表述为 A 地对人才的净拉力，而 N_{push} 则代表为两地对人才的推力差，称为 A 地对人才的净推力。两者数值既可大于0、等于0也可小于0。

式（7-8）中用 A 地的净拉力减去其净推力，所得差额反映集聚地 A 与非集聚地 B 在人才集聚力方面的总差异，在此称为集聚地对创意人才的"引力效应"。

产业集聚地在其发展周期的不同阶段对创意人才流动的动力效果如表7-4所示。从中可知，在集聚地进入衰退前，也即在自增强阶段后期之前，集聚地对创意人才的引力效应始终大于零（$\pi > 0$），这充分彰显了产业集聚地相较于非集聚地对人才的引力具有更大的拉动作用。而这种拉动作用主要集中在集聚地发展演化的第一阶段和第二阶段，如表7-4所示，集聚地在这两个阶段的人才净拉力 $N_{pull} = (Pull_A - Pull_B)$ 均大于零（$N_{pull} > 0$），这为集聚地后续的演化发展提供了要素动力支持。

表7-4　文化创意产业集聚地对人才推拉力的动态表现

阶段	对人才的推拉力表现
萌芽起步阶段	$Pull_A \geqslant Pull_B$，$Push_A < Push_B$；$N_{pull} \geqslant 0$，$N_{push} < 0$，$\pi > 0$
吸引提升阶段	$Pull_A > Pull_B$，$Push_A < Push_B$；$N_{pull} > 0$，$N_{push} < 0$，$\pi > 0$
根植与成熟阶段 自增强阶段	初期：$Pull_A > Pull_B$，$Push_A \geqslant Push_B$；$N_{pull} > 0$，$N_{push} > 0$，$\pi > 0$ 后期：$Pull_A \leqslant Pull_B$，$Push_A \geqslant Push_B$；$N_{pull} < N_{push}$，$\pi < 0$
衰退阶段	$Pull_A \leqslant Pull_B$，$Push_A \geqslant Push_B$；$N_{pull} < N_{push}$，$\pi < 0$

资料来源：根据研究需要，设计得出。

然而，进入自增强阶段，情况开始发生转变并分化为两种不同的表现。在本阶段初期，一方面，集聚地对人才的净拉力作用（N_{pull}）依然保持第二阶段的优势，但其拉力（$Pull_A$）增速开始有所放缓，这使净拉力作用（N_{pull}）有了减弱的趋势；另一方面，竞争加剧、支出增加等不利因素开始使集聚地的推力作用（$Push_A$）增强，因而净推力作用（N_{push}）也相应提高，这样一来，集聚地的净拉力与净推力两者的悬殊日渐拉大，引力效应 π 开始逐步减小，但此时还可维持在大于 0 的区间。进入本阶段后期，随着集聚地对人才吸引力的下降、人才流出加剧，集聚地净拉力作用开始小于 0，净推力作用则变得越来越大，最终使 π 小于 0，集聚地积极的引力效应丧失。进入衰退期后，这种态势依然持续，集聚地对创意人才的吸引力日薄西山，净拉力作用越发疲软，而净推力日益走高，集聚地由此走向衰败。

7.4 上海创意人才部分集聚效应实证分析

7.4.1 指标体系构建与说明

图 7 - 8 直观反映了近年来上海创意从业人员规模的发展态势。在 2005 ～ 2014 年，上海创意从业人数增长了 2.42 倍，以年均 13.22% 的速度快速增长。为了研判创意人才空间集聚对上海产生的经济性效应和影响，本书在此对其部分效应展开具体实证分析。

在借鉴、修改彭树远、牛冲槐（2014）文献的基础上，本书构建上海创意人才部分集聚效应评价指标体系如表 7 - 5 所示。

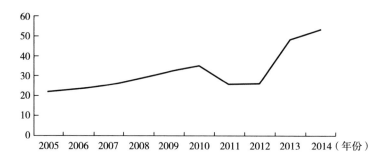

图 7 - 8　上海创意从业人员规模增长态势（2005～2014 年）

注：创意从业人员规模仅计算了科学研究、技术服务，文化、体育和娱乐业，信息传输、软件和信息技术服务三大行业的创意从业人数，因此，所得数据较之实际情况整体偏小。

资料来源：各年《中国劳动统计年鉴》。

表 7 - 5　基于城市尺度的创意人才部分集聚效应评价指标体系

一级指标	二级指标	备注说明
A1 信息共享效应	X1 图书馆书籍文献外借情况（万人次） X2 电视广播公共节目播出时间（小时） X3 博物馆、纪念馆参观人数（万人次）	反映创意人才以极低成本或免费获得信息、实现信息共享的程度
A2 集体学习效应	X4 文化机构组织的活动（次） X5 艺术表演团体数（个）	反映创意人才通过更大程度的开放和交互力度获得隐性知识
A3 学习成长效应	X6 就业人员大学本科以上学历占比（%） X7 获得高级职业技能证书的人数（个）	反映学历结构 反映职业技能提升水平
A4 知识溢出效应	X8 技术合同成交金额（亿元） X9 项目课题数（万项）	反映知识的再造能力
A5 创新效应	X10 专利申请量（项） X11 发表论文数（篇） X12 图书新出版数量（种） X13 摄制和译制电影数（部）	文化创意产业的各种创新表现
A6 规模效应	X14 主要文化机构数量（个） X15 创意行业从业人员数（个）	从组织和人员两个角度予以反映

资料来源：根据研究需要，设计得出。

信息共享效应是指因克服时空限制、以较低成本获得相关信息的优势。图书馆、电视、广播、博物馆、纪念馆等作为公共文化服务机构，是一个城市实现知识信息传播与扩散的重要载体，通过对图书馆书籍文献的外借人次（X1）、电视广播公共节目播出的时间长短（X2）以及文化场馆参观人数的多寡（X3）等指标，可对该城市创意人才在自身区域内信息共享的质量、数量、结构等方面做出判断。文化机构所组织的活动（X4）包括文艺活动、理论研讨、讲座、培训班、展览会等形式，加上由创意人士组织的各种艺术表演团体（X5），这些都是帮助创意人才实现更密切的人员交互、获得更多隐性知识的场所或机会，从而产生知识溢出的联动效应。人才的学习成长主要体现在经验积累、知识增加、技能提升、岗位升迁等方面，学历提高、技能优化、职称或职位提升等是其常用的可量化指标，因此，用就业人员中大学本科以上学历的占比（X6）、高级职业技能证书获得的人数（X7）两项指标可以分别反映创意人才在学历和职业技能方面的进展程度。知识传播是知识的复制，而知识溢出则是知识的再造。技术合同成交额（X8）能反映创意、科技与经济相结合，将创新成果转化为市场价值的水平（Rosenbaum P. 和 Rubin D.，1985），它和开展的项目课题数（X9）一起与创新效应紧密关联，有利于将隐性知识显性化。创意人才涉足文体娱乐、信息技术、科学研究等多个领域，包括发明、实用新型、外观设计在内的专利申请量（X10）能有效反映设计类、科技研发类等创意人才的各种创新成果。同样，发表论文数（X11）也是以科学研究为主的创意人才创新成果的主要衡量指标。而图书新出版数量（X12）、每年新增的摄制的电影数（X13）则是对以文化内容创造、信息技术开发为主的创意人才创新成果的直观反映。企业（组织）既是创意人才依托的微观主体，也是文化创意产业的基本生产经营单位。一个文化创意产业发达的城市往往云聚集了较大数量的企业群体和从业人员队伍，X14 中所涉及的文化机构主要包括艺术机构、图书馆、群众文化活动机构、文化市场经营机构、新闻出版机构等，既涵盖了文化创意事业单位，也囊括了文化企业组织，通常，创意行业从业人员数量（X15）随产业的发展而增加。

7.4.2 研究方法与数据来源

本书采用熵值法对各项指标赋予客观权重，基础数据来源情况如下：X6、X7、X15 指标数据来源于各年《中国劳动统计年鉴》，X11 指标数据来源于《上海科技统计年鉴》，其余指标数据均来自各年的《上海统计年鉴》。经处理后，得到的部分集聚效应得分如表 7-6 所示。

表 7-6 上海创意人才集聚部分效应得分

年份	信息共享效应	集体学习效应	学习成长效应	知识溢出效应	创新效应	规模效应
2005	0.0313	0.0059	0.0073	0.0056	0.0208	0.0063
2006	0.0337	0.0071	0.0088	0.0085	0.0179	0.0066
2007	0.0331	0.0075	0.0089	0.0094	0.0198	0.0072
2008	0.0158	0.0072	0.0098	0.0098	0.0362	0.0080
2009	0.0168	0.0056	0.0093	0.0103	0.0251	0.0091
2010	0.0173	0.0061	0.0117	0.0111	0.0357	0.0099
2011	0.0181	0.0067	0.0123	0.0118	0.0411	0.0074
2012	0.0190	0.0087	0.0124	0.0126	0.0444	0.0074
2013	0.0445	0.0092	0.0155	0.0133	0.0441	0.0135
2014	0.0493	0.0104	0.0162	0.0144	0.0518	0.0149

资料来源：根据研究需要，设计得出。

从表 7-6 不难得知：在上述各项集聚效应中，以信息共享效应、创新效应表现最为突出，说明上海在文化、信息公共服务方面成效显著。在此基础上，创意人才的创意才能被得以激发，创意产品、创新成果形势喜人。此外，创意人才的学习成长效应与知识溢出效应、集体学习效应紧密相关，尤其是学习成长效应与知识溢出效应，两条曲线走势大体一致。人才的成长主要源于对知识的吸收与创新，本书这一研究结果为此提供了实证支撑。在上述各项效应中，分值最小的属集体学习效应，这从侧面说明了上海创意企业和创意人才的创新、创意氛围还有待进一步培育，各种有利于推动创意人才进行交互式学习与交流的活动平台、活动形式、组织机构（如行业协会）建设等方面还相对欠缺，创意企业、创意人才之间共同学习、交流的机会、场合、平台还需加强。

7.5 上海城市创意人才要素体系构建的国外经验与相关建议

7.5.1 活化要素源头，夯实创意人才要素根基

创意人才集聚首先离不开对创意人才的培养与开发，许多发达国家和地区都相继推出了创意人才与产业发展政策（见表7-7），如澳大利亚、韩国、日本等国家，都将创意人才培养置于国家战略层面，不约而同地实施了"全民创新教育政策"和"人才战略"；新加坡政府推出了"创意社区"计划，美国政府制定了"创意社会结构"制度。我们认为，造就高素质创意人才队伍的责任主要在于政府，政府指导在创意人才集聚过程中始终存在并发挥重要作用。

表7-7 各国政府培育创意人才的政策

国家	政府政策
英国	2004 年，成立电影委员会，后推出星光计划； 2008 年 2 月，发布"新经济下创意英国的新人才"战略报告，提出26 条行动计划； 建立高等教育、继续教育和研究机构网络

国家	政府政策
美国	1997 年，成立"政府主管的国家交流培训项目跨部门管理工作小组"； 2007 年 8 月 9 日，政府签署《美国创造机会增强技术、教育和科学优势法》； 在各州和地方政府设立艺术理事会
澳大利亚	成立布里斯班大学创意产业研究中心； 创造实施"文化沟通"计划
韩国	1998 年，政府陆续出台《国民政府的新文化政策》《21 世纪文化产业的构想》等一系列文件； 1999 年，首次制定文化创意产业的综合法规《文化产业振兴基本法》； 设立文化产业专业人才库、文化创意产业人才培养委员会和教育机构认证委员会
丹麦	发表有关丹麦文化创意产业的范围界定和产业政策的策略重点——《丹麦的创意潜力》的研究报告； 提出了五个促进创意产业与经济发展的政策战略

资料来源：根据研究需要，设计得出。

大学生是创意人才的储备力量，因此，在创意人才本土开发中，应强调高校作为创意人才培养基地的角色作用，重点加强对创意人才特别是高端人才、复合人才、营销人才的培养。此外，为缓解创意人才的结构性矛盾，在实施"引进"策略过程中，应鼓励政府和企业积极构建多元分配制度，设置人才开发专项资金，塑造信任、尊重、包容的企业文化，通过薪酬激励、文化认同、兼职等方式吸引和留住优秀创意人才，以打造人才、机构和大师的集聚之地。

7.5.2 强化要素支撑和管理创新，提升创意人才集聚力

城市创新生产的每一环节都离不开金融资本的投入以及技术层面的转化，因此，城市的金融、技术环境将成为创意人才城市选择的重要影响因素。纽约 SOHU 所在的曼哈顿岛当属世界金融业最为发达的地区之一，其雄厚的金融支持能力吸引各类创意人才大量汇聚，使之成为创意人才高地。综观世界

上那些着力推动城市创新发展的国家和地区，其政府在制度层面上都相继给出了足够的金融支持。如英国、法国、德国、韩国等不少国家都曾积极邀请金融机构介入，资助创新产业，以充分发挥金融的作用，推动创意人才成长与项目孵化。

创意源于个体，但成于团队。作为一种特殊的生产要素，创意是文化、知识和技术的结合体，文化为其内涵源泉，技术是其表现形式，知识体现其本质属性。诚然，要完成从创意思维到产品价值的转换，成功实现从创意源主体到消费者过程的价值迁移，离不开相应的制度设计，每一个阶段都离不开对创意的有效管理。作为世界两大戏剧中心之一，伦敦西区在政府的大力扶持下，采用了"一臂之距"（Arms' Length Principle）的文化管理模式，通过半官方与民间机构，以项目的形式资助区内创意人才从事文化艺术创作，许多剧目通常是在国家资助下先获得剧演成功后再转为商演，其中不少已成为园区的经典和象征，园区的声誉极大地增强了其对创意人才的集聚能力，吸引全球的艺术创意人才源源不断地汇集于此。

7.5.3　全方位营造创意环境，努力提升城市地域资产

对创意人才而言，人文环境比商业环境更重要，他们强调城市的地点质量（Quality of Place），看重城市的地域资产（Territorial Assets），并将其视为城市人才集聚能力的一个重要因素。其中，地域资产包括一个城市的声誉和传统，这对这个城市是否能够产生新的原创产品有着很重要的作用。例如，英国十分重视将创意人才的知识和创意转化为价值与财富，这种倡导推动了英国创意阶层声望的形成和积累，从而吸引更多创意人才前往英国集聚，最终推动创意阶层的形成。直到现在，凭借"世界创意和文化中心"的声誉，伦敦每年吸引了大量国际创意人才趋之若鹜。在亚洲，新加坡也早在 1988 年确立了"新亚洲创意中心""全球文化和设计中心"的定位，通过知名度与声誉的打造和建设，最终成为亚洲首屈一指的会展创意名城。

　　城市吸引创意人才集聚的关键在于打造满足创意人才所偏好的"人文环境"。纽约 Soho 区是美国最知名的创意园区之一，为了推动艺术家集聚，营造 Soho 园区艺术氛围，20 世纪 50 年代，纽约市政府规定：非艺术家不得入住。

　　由上可见，自由、宽松的城市环境对创意人才集聚至关重要。地方政府应投入资金，为企业提供补贴用于城市利便性建设，同时还需积极构建一个能够包容多样化的"创意社区"和不同主题的"创意生活圈"（Creative Milieu），发展各种生活方式，塑造城市人文气候。可以借鉴硅谷的文化创新，采用"创意社区指数"（Creative Community Index）为城市"创意社区"的建设提供切实可行的指导和依据。

　　多样的环境和适当的政策支持是一个城市凝聚创意人才的关键。从当前来看，上海在硬件、软件环境上还没有完全适应创意人才工作和生活的需求。为此，上海应积极加强城市利便性建设，在改善交通、医疗、教育等基础设施的同时，要打破束缚创意人才发展的制度环境，通过建设公共服务体系，减少住房、医疗、签证、社会保险、子女入学等影响人才流动的制度性、政策性障碍，更为重要的是，要加强对外开放和文化交流，提高对创意人才、创意设想和创意产品的包容精神，创建生态、舒适的居住环境，营造多样、宽容的社会氛围和价值观，打造富有人文气息的城市风格，逐步累积创意性人力资本，为城市创新动力提供源源不断的要素支持。

第8章 上海城市生态全要素体系创新动力分析

"创新动力"是城市生命机能得以延续和壮大的支撑，是城市可持续发展的必要条件。上海未来定位于创意创新为强项的城市，需要构建城市生态全要素体系创新动力。

8.1 上海城市生态全要素体系构建

城市生态原意是指城市空间范围内的居民与自然环境系统和人工建造的社会环境系统相互作用而形成的统一体。而抽象意义上的城市生态系统是指城市为其未来发展目标所构建的软环境。

8.1.1 上海城市生态全要素构成

上海城市创新动力的建设是一项复杂的系统工程，需要空间创新动力、文化创新动力、科技创新动力、人才创新动力、经济创新动力五大创新动力因素的相互融合与作用，形成一个完整的上海城市创新动力新系统。建设好五大创新动力系统，首先应为五大创新动力目标构建起相应的城市生态系统。城市生态系统是创新动力目标实现的基础，也是根本保障。上海创新动力系统建设需要从城市生态系统抓起。

五项城市生态要素的逻辑关系及内容如图 8-1 所示。

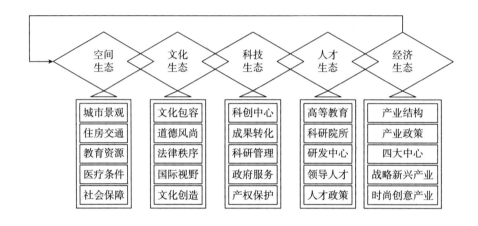

图 8-1　城市生态全要素构成

资料来源：根据研究需要，自行整理设计。

8.1.2　上海城市生态全要素评价体系

上海若建成以创意创新为特长的城市，就必须有与创意创新相适应的城市生态。根据上面划分出来的五大要素，对各项要素的评价指标先做一简要归纳：

（1）空间生态要素。空间生态主要是人们的生存环境，涉及民生的基本问题。包括生态环境、住房及交通、教育资源、医疗条件、社会保障等，是吸引优秀人才居住和生活的最低条件，也成为国内各大城市相互竞争人才的关键因素之一。

（2）文化生态要素。城市创新动力离不开文化的依托。缺乏积极文化为支撑的科技进步，无法为城市创造良性发展。缺乏健康文化支撑的经济繁荣，也不会符合社会主义市场经济的发展目标。

（3）科技生态要素。上海在知识产权保护、对科技人才的吸引、整体科技水平等方面，都处于我国前列。但与国际上其他大都市相比，上海还有较大的改进空间。

（4）人才生态要素。当前我国人才发展普遍存在的问题是，规模数量增长快而人才质量提升慢，人才素质结构变化快而人才产业结构优化慢，人才投入增加快而人才成果转化慢，人才各项政策出台快而政策落实见效慢，这四快四慢直接影响了我国走向人才强国的进程。

（5）经济生态要素。从全国范围来看，上海的金融中心地位在国内名列前茅，有着灵活的金融政策和较丰富的风险投资资源，使上海在金融要素方面具有较强的优势。但其也有显著的经济要素短板。

8.1.3　上海城市生态全要素评价体系推广及应用

我们抛开了传统意义上空泛的及宏观的以自然地理为主要视角的城市生态理论，而是从人文生态视角，从提升高素质人才吸引力的角度，分析并归纳了与上海创意创新定位相关的城市生态全要素，对上海的未来规划提出了全新的思路和见解。因此，我们需要建立一整套城市生态全要素评价体系，为推广和应用这一体系提供必要的保证。

（1）以人为本是宗旨。上海城市生态全要素的宗旨是以人为本。以人为本，为城市的发展提供根本动力。坚持以人为本，也是党的十六届三中全会提出的一个新要求。新发展观明确把以人为本作为发展的最高价值取向，就是要尊重人、理解人、关心人，就是要把不断满足人的全面需求、促进人的全面发展，作为发展的根本出发点。以人为本的新发展观，从根本上说就是要寻求人与自然、人与社会、人与人之间关系的总体性和谐发展。只有构建起以人为本的城市生态，才能使城市更加富有创新动力。

（2）环境建设是重点。城市环境，包括空间环境和文化环境，对人才的吸引力有着重要影响。要吸引优秀的人才，就要提供适合人才生存和发展的土壤。在良好的环境下，人才才能集中精力为城市发展提供更多创意，也为社会创造更多财富。一个城市的管理水平、市民的遵纪守法意识、城市治安状况等，影响着人才的安全感和归属感。人才的发展和成长更离不开良好的城市文化氛围，城市生态全要素评价体系，应有利于为人才创造公平的发展环境和竞争环境。总之，良好的城市生态环境不仅对人才有吸引力，还应有利于人才的成长和发展，它们都应当成为城市生态全要素评价体系的一个重要部分。

（3）人才引领是根本。城市生态建设要由满足全要素的生态评价的人才来引领。提升上海城市创新动力离不开众多高素质人才，建设好生态全要素的必备手段之一是吸引人才。在人才的引领下，城市生态全要素评价体系才能得以推广和应用。上海应加大核心人才、重点领域专门人才、高技能人才和国际化人才的培养和扶持力度，积极用好各类引才引智政策，造就一批领军人才。提升城市人文生态的最终目的是通过吸引人才和留住人才，搭建起良好的创业环境和创新空间，让人才充分发挥创造性，增强城市的科技创新动力、经济创新动力，促进城市发展。

8.2　上海城市生态全要素的关键要素分析

城市生态的"生态"，不是纯自然的生态，而是经济、社会、自然复合共生的城市生态，它包括人与自然的协调关系和人与社会、人与环境的协调关系。上海要想建成生态城市，则不是一般概念的生态城市，而是以一定的区域为条件的经济、社会、自然等构成的以人为本的生态综合体。

8.2.1　建立全要素生态价值观

上海要建设一个以人为本的生态综合体，必须要树立全要素的生态价值观。自然生态角度，可分解为人口、环境、安全和景观等多个要素。我国经济经过几十年的飞速发展，物质文明得到极大提升，自然生态建设已经非常完善。但由于偏重于追求经济建设，而忽视了人文生态建设，造成资源的过度消费，许多行业产能过剩，因此迫切需要供给侧结构性改革。

人文生态，包括空间、文化、科技、人才、经济等角度，其建设和完善却不是短期内能够实现的，而是需要一个长期的过程。

人口增长快，会给城市管理带来更大压力，如医疗健康服务、城市公共设施供给不足、道路交通严重拥堵等各种困难日益显现。即便经济得到快速增长，也会影响城市对人才的吸引，降低城市创新动力指数。但人才的吸引，必然导致人口的增加。因此，建立全要素生态评价体系时，就要做好人口控制与人才吸引的平衡关系。

适度的人口规模也是城市文化丰富的基础。上海能聚集到全国乃至全球各地的优秀人才，必然也为各种文化的生存和发展提供相应的土壤。多元的文化环境也有利于上海对外界形成更广泛的传播。这也是文化生态为城市发展所带来的优势之一。

保持良好的自然生态环境十分重要。要建设完善的城市植被生态系统，走可持续发展的道路，建设新的生态文明，为城市创造更适合人才发展的空间。城市安全要素也反映着城市的治安水平和管理水平，为城市吸引和留住人才，促进科技创新准备条件。在新的历史条件下，上海需要逐渐实现整体经济以面向国内外涵盖生产生活的服务业为主，工业经济以生物技术为核心的转变，确立全新的生态中心观。

未来的城市生态建设，不能只是强调局部的某个方面，而是要全面地、整体地看问题。不能只强调自然生态，而是要将人文生态与自然生态相整合，建设全面的城市生态要素。只有树立全要素的生态价值观，才能使上海向以人为本的生态综合体方向发展。

8.2.2　关键要素治理及相关科学依据

建好城市生态全要素体系创新动力，对上海的未来提出了较高的要求。不仅是自然环境好，还要有优质的人文环境。可以说是全方位地激活上海城市未来的生态创新动力。总览前文已提到的诸多生态要素，本书认为当前上海城市生态要素中存在以下制约因素：

（1）空间生态要素有待加强。只有具有舒适的、适宜人居住的美好城市空间，才可以吸引广大的优秀人才居住和生活。上海具有良好的社会保障和便捷的城际交通，但空间生态要素具有明显的劣势，如房价高涨、市内交通拥挤、教育资源稀缺、医疗机构人满为患等。

（2）城市文化创造力亟须提高。文化创造力是文化生态最重要的组成部分。上海在文化包容性、道德风尚、法律秩序及国际视野等方面，皆走在全国前列，但在城市时尚创意方面与国际知名城市还具有一定距离。因此，上海国际时尚创意文化名片的打造方面还需要加强提升时尚创意能力，加速海派时尚创意产业的发展。上海只有迅速提升其时尚创意文化的创新动力与知名度，才能向国际时尚创意大都市的水平迈进。

（3）科技生态有待提高成果产业化能力。上海科技人才整体水平的提高也促进了上海整体科技水平的提升。但与国际上其他大都市相比，上海的科技成果转化速度较慢。上海需要提升科技成果转化速度，早日实现价值转化。

（4）创新型人才与经济发展不匹配。当前上海人才发展普遍存在人才质量提升慢、产业结构优化慢、成果转化慢、政策落实见效慢等一系列问题。上海当下最紧缺的是高端的创新人才，这是上海创新动力构建的关键因素，甚至决定着上海创新动力构建的成败。

（5）经济生态结构性匮乏。上海在金融要素方面具有较强的优势，但也有显著的经济要素短板，如产业布局过于向城市中心集中，加剧了与周边区县的不平衡；GDP 的增长过于依赖土地出让和房产交易，使创业成本过高等。

8.2.3　关键要素治理：要素创新动力中的生态再造系统

城市生态的再造不会是一蹴而就的过程。像国内许多城市一样，上海在过去的城市建设和发展中，凭借低成本劳动力与大量资本的结合，取得了连续多年的高速发展。但随着我国经济进入新常态，过去生产要素的组合模式难以满足继续发展的需要，因此推进供给侧结构性改革，加快产业转型升级已成为全社会的共识，而实现这种转变必须依靠创新。

文化生态是支撑供给侧结构性改革的关键。供给侧结构性改革是一场由思想观念、发展理念到经济全领域的深刻变革，推动这样一场变革，离不开文化的力量。第一，文化生态要素可为供给侧结构性改革提供精神文化支持。第二，文化生态要素可为转变发展理念提供理论、动力和条件支持。第三，文化生态要素可为培育形成新动力、新供给提供路径支持。

未来上海要建成科创中心，必须要依靠文化的引领。上海一直是在文化包容中发展起来的，未来必须进一步提升对世界文化的包容能力。建设好文化生态，有利于突出城市的创意创新功能，滋养经济发展，培育新业态，催生新产业，创造新的生产力，增强经济持续增长动力，推动生产力水平实现整体跃升。

通过文化要素向经济社会全领域的植入、渗透和融合，赋予事物活的文化内核、文化属性、文化精神、文化创新动力、文化形态、文化价值和创意创新精神，从而加快对人才的吸引，更好地发展科技生态、空间生态和经济生态，加快供给侧结构性改革，实现城市生态的再造。

总之，系统地完成城市生态的再造，必须做好正确的创意创新方向定位，在文化生态的引领下，融合其他生态要素，构建有效的上海五大创新动力要素体系。

8.3 上海城市生态全要素建设联运效应

8.3.1 上海城市生态全要素中的锚固效应

锚固效应（Anchoring Effect），也叫锚定效应，是一种重要的心理现象。通常指当事人过于依赖旧信息，对新信息反应不足，以至于确定一个特定的初始值进行估计和调整，并将其作为决策的依据。

锚固效应在许多领域都会对人们的决策产生影响。锚固效应的存在，也不全是弊端。不同的决策者依据各自的"初始点"做出不同的"锚定"，就容易找到参照标准，尽早确立建设目标，提高决策效率。我国仍然是发展中国家，在城市生态建设中可以向许多西方发达国家学习，寻找到更多的"锚"，这无疑对我们加快城市生态建设，是十分有利的。

建设成创意创新城市，既是上海未来城市发展的定位目标，也是提高城市产业竞争力的重要手段。上海市政府提出要成为全球第四大创意中心。丛海彬、高长春通过比较当今世界最具影响的"国际创意中心城市"——伦敦、纽约和东京城市竞争力，为我们构建"国际创意中心城市"提供了研究素材和理论基础。这就是锚固效应的运用。

当然，我们不能忽视锚固效应带来的负面作用。对"锚"的不同选择，结果可能会有很大的差异。城市生态中如果产生过多的锚固效应，就不容易摆脱传统观念的思想束缚，或受城市生态现状的影响，从而难以大胆创新。

西方发达国家许多经验可资借鉴，但我们不能盲目照搬，更不能忽视中国城市人口密度大、流动性大等特点。上海城市生态全要素的构建，要立足于创意创新的城市定位，因地制宜地采取能够切实提高海派文化的人文生态建设思路。

8.3.2 上海城市生态全要素的弹性效应

弹性效应，是指要素 A 变化，会导致要素 B 也跟着变化。和经济学中的价格弹性相类似，价格发生变化，供给或需求也会发生相应的改变。在城市生态要素中，某一要素发生改变，其他要素也会受到影响，这就是城市生态要素的弹性效应，例如，高素质人才比例的增加，会导致本地市场需求的改变，带来新的商业机会，包括高端商品、高端餐饮等。人才的增加，也会改变文化生态需求结构。

对上海来说，一个十分重要的空间生态要素是生活成本，尤其是土地成本。近年来，上海的住宅及商业用地的成本越来越高，其最大的恶果是抑制创新。创意产业本身具有高风险特性，在一个土地成本居高不下的城市里创新，风险必然会更大。上海近些来在创新方面落后于深圳、杭州等城市，已有学者指出土地价格过高是其中的重要原因。

因此，城市生态全要素的弹性效应不容忽视。对于上海的城市建设者来说，放眼未来，科学决策，合理规划建设用地，抑制土地成本过快增长，是上海实现创意创新城市建设目标的重要保证。

8.3.3 上海城市生态全要素耦合效应

在群体心理学中，人们把群体中两个或以上的个体通过相互作用而彼此影响从而联合起来产生增力的现象，称为耦合效应（Coupling Induction），也称互动效应、联动效应。

城市生态各要素之间本来就不是单一起作用的，而是联合影响的。全要素生态建设要以文化生态为核心，其他各要素都不能脱离文化要素而单独发展。

第一，城市空间与文化是密不可分的。上海的高楼大厦及各类主题公园数量在国内处于领先水平，但尚缺少最能体现海派文化的著名建筑或品牌场所。我国城市空间发展要面对的难题是，恢复城市发展缺失的人本主义精神，在人与城市空间互动的深层次的文化实践中建构以人为本、经济可持续发展、吸引人才的城市空间。

第二，在科技创新方面，只有把海派文化与高新技术融合，才能发挥出上海的自身优势。科技要素的建设要让海派文化具有科技载体，把海派文化价值进行转换，实现海派文化的当代经济价值。让科技文化化，让海派文化科技化。

第三，科技由人类创造，同时科技也为人类服务。提升一个城市的科技创新动力，不光是少数科技精英的事情，科技成果的体验者同样也是科技进步的贡献者。利用"互联网＋"先进技术，把城市的医疗、交通、购物进行联网，建立具有科技含量的智慧上海，吸聚全球最有价值的人才和企业，形成上海建设全球科技城市的核心竞争力。

第四，人才是城市发展的决定动力，一个多元文化的上海，国际交流交往更趋紧密和频繁，全球性人才会聚，文艺创作和文化交流更加开放自由。在文化生态上，中西合璧，海派文化进一步传承创新，更趋多元化，要让上海再次成为思想创新发源地之一。

耦合效应的存在，提醒我们在城市规划时，单纯地解决好某一部分生态要素，并不能明显地改善城市总体生态环境，而是要做好系统规划，科学管理，以便依次有序地逐渐解决好。

8.3.4　上海城市生态全要素扩散效应

扩散效应是由诺贝尔经济学奖获得者冈纳·缪尔达尔（Gurmar Myrdal）提出的。所谓"扩散效应"，是指随着经济扩张中心区的基础设施的改善，位于扩张中心的外围地区，也会从中心区获得资本、人才等，从而得到刺激和发展，并逐步赶上中心地区。

上海的经济发展一直以来是对周边地区有明显的扩散作用和辐射作用的。上海城市生态要素的建设，也会对周边的江苏和浙江产生引领作用。如前面章节所述，上海城市未来的创新动力建设要实现其引领作用，为长江三角洲城市群发展新经济提供创新动力"核"驱动力，实现"一核五圈四带"引领作用，要发挥上海龙头带动的核心作用和区域中心城市的辐射带动作用，构建"一核五圈四带"的创新动力网络化空间大格局。上海率先在国内建设成创意创新城市，对整个长三角地区，乃至全国，都会起到积极的示范作用。

上海城市庞大，区域广泛，各个区域的自然条件和人口条件也有差异，若要在上海全市范围内同步做好难度也会十分巨大。因此，在上海创意创新生态建设过程中，可以选一两个区域先行尝试，在小范围内取得成功之后，再向其他周边区域扩散。这也更符合扩散效应的原理。而且，创意创新城市生态建设从小的范围开始尝试，更有利于集中人、财、物等资源，也容易获得成功。这样，待取得一定成果后，再总结已有经验乃至不足，在扩大后的区域进行城市生态建设。

8.4　上海城市生态全要素创新动力的政策建议

结合上海"十三五"时期经济社会发展的总体目标，以科技创新中心基本框架为引领，实现四大中心的发展目标。通过构建上海城市生态全要素体系，让上海城市创新动力五大因素形成合力，促进上海的持续繁荣与可持续发展。

上海进行城市生态要素建设的指导思想是：以可持续发展为主题，以城市规划为蓝本，以环境保护为重点，以城市管理为手段，建立政府主导、市场推进、执法监督、公众参与的新机制，建设空间、文化、科技、人才、经济五大生态系统保持高度和谐的城市。

8.4.1 生态全要素建设的政治治理

自然环境的建设和维护是保证市民群众安居的基本条件，城市生态建设不仅要依靠节能减排、保护城市环境等自然生态建设，在新的历史条件下，人文生态的建设才是更重要的，是上海未来迈向创新城市、实现城市创新动力提升的重要手段。毋庸置疑，政府是创意创新生态城市建设的主导力量，政府的主要职责是规划好、建设好、管理好城市。上海市政府及相关部门，应该从以下几个方面集中力量做好城市的规划、建设和管理：

第一，上海需要跨越现有约束性土地资源的短板，实现空间结构资源的有效配置，形成一定辐射能力的城市创新动力和新的增长极，特别是在发挥上海中心城市作用、带动长三角协同发展上要有新举措，与京津冀一体化规划形成呼应。

第二，上海还需提升战略新兴产业合理布局及优化能力，加大供给侧改革力度，满足消费者的时尚创意文化需求。同时，做好人力资本、人力资源与其他要素的科学配置及衔接也尤为重要。

第三，加强城市景观生态建设。加大力度改善城市交通状况，有效引导市民守规则的意识，规定或激励整个社会保护和建设生态环境的行为，维护或提倡做文明城市居民的风尚及行为。

8.4.2 生态全要素建设的经济治理

政府要利用经济学手段，遵循市场规律，制定相关政策。通过税、费和环境产权等手段明确人与生态的关系、企业与生态的关系，并配合宣传教育，提高公众和企业的生态意识和契约精神。

上海需要打破各行政区划间的基础设施不可共享的制约,努力构建网络化、多中心、扁平化的基础城市体系。要充分意识并利用各个生态要素间的锚固效应、弹性效应、耦合效应和扩散效应,集中、有序、科学地规划,从小范围试点,调动各方资源,促进公众和企业认识环境的使用价值和生态价值。

按照上海"十三五"规划目标,加快上海与外省市的铁路、高速公路对接,提升长三角"同城效应"。强化长三角机场群协作,打造上海国际航空大都市。

从追求近期的直接经济效果转向追求长期的间接经济效果,从追求单一的经济高效率转向追求经济、生态合并的高效率,从追求传统的经济增长方式向追求高科技附加值的创意创新型的增长模式等。这是上海建设全要素生态城市的思想基础。

8.4.3　生态全要素建设的人文治理

从政府到企业,从公众到个人,都需要转变观念。从不可持续发展思想向可持续发展思想转变。鼓励民间资本、民营企业或个人投资文化产业、创意产业,在政策上给予一定的优惠及激励。还应加大文体设施建设,通过政策调控市场价格,建立和推广市场机制,将安居环境和人文环境建设得更好。

政府要发挥上海教育资源优势,提升产学研综合协调能力,建立具有影响力的国际科创中心,顺利实现提升科技创新成果的有效转化能力,大力落实创新型人才引进的政策。

积极吸收和学习先进的现代文明习惯,改变传统的消费方式和生活方式,加强全社会的人文生态要素建设,形成多梯队人才的文化创造力,以及各行各业的产业分工能力,提高海派文化特色的文化竞争力,加强上海的多文化融合及文化包容性,打造具有国际影响力的上海城市文化地标。

第9章 结论与政策建议

未来决定上海竞争力的不是有多大的产量产值，而是有多强的创新动力。因此，对上海城市未来的创新动力体系构建，我们分别从空间创新动力、创意创新动力、科技创新动力、人才创新动力、生态创新动力、文化创新动力等主要要素方面给出了适当的建议，希望可以激发市民的创造力，从而激发上海不断形成有机生长的旺盛创新动力和持续竞争力。

9.1 引领全球经济增长，筑造创新动力空间上海

从上海城市未来的创新动力体系构建的层面看，上海应以"开放市域、服务全国、面向国际"的空间视野，构建"网络化、多中心、组团式、集约型"的区域空间格局，逐渐从中国的长三角创新动力上海走向世界的创新动力上海。在"主城区—新城—新市镇—乡村"组成的市域城乡体系下，搭建由"城市创新动力中心、城市副创新动力中心、地区创新动力中心、社区创新动力中心"构成的城市公共活动创新动力中心体系，形成"大都市创新动力圈—城镇创新动力圈—生活创新动力圈"空间架构。因此，只有顺从时代

发展潮流，从全球空间视角出发，努力实现从"追随模仿"到"创新动力创新"、从"控制力"到"包容力"、从"上海式"向"全球式"的转变，才能承担更多的国际责任，为中华民族伟大复兴、为全世界的和平发展做出上海特有的贡献。

9.1.1 增长区域经济，实现引领作用

上海的新一轮城市总体规划是面向 2040 年的长远规划，因此上海必须服从服务好国家战略，主动对接共建"一带一路"，积极发挥其在长江经济带发展规划纲要和长三角城市群发展规划中的现实引领作用，进一步明确上海城市在区域经济增长实现中的引领作用。

上海的"四个中心"定位要求其在区域经济增长中，结构调整方向应定为形成以文化创意经济为主的新型产业结构，加快发展金融、航运、信息、创意、文化、旅游等现代创意产业，形成以文化服务经济为主的产业结构；同时加快制造业的升级，突出发展以创新和创意为主的高端制造业。上海经济的转型和发展一定要有长三角一体化发展的大格局理念，只有长三角一体化到了一个高度，上海的"四个中心"建设才能形成新的跨越，上海也才能在区域经济增长乃至全球经济增长的过程中实现引领作用。

9.1.2 调整产业结构，发挥主导作用

上海城市未来"核"驱动创新动力体系的构建需要紧紧围绕供给侧结构性改革、促进文化消费结构升级中心任务，依托上海科技、人才、创意、生态、经济等优势，聚焦本市具有创新动力的文化创意产业中的媒体、艺术、工业设计、建筑设计、时尚产业、网络信息、软件与计算机服务、休闲娱乐等行业，进一步进行产业结构调整、产业转型升级，提升文化创意产业发展质量和未来产业主导作用。

上海城市未来"核"驱动创新动力体系的构建还需要按照《中国制造

2025》战略要求，在传统制造业、战略性新兴产业、文化创意产业等重点领域开展创意、创新设计研究，打造一批具有引领带动效应的创意设计产业项目，充分发挥工业创意设计对产业结构调整、转型升级的"核"驱动创新动力。

9.1.3 优化空间要素，加快协同作用

空间创新动力要素优化需要分工协作，协同发展。从提升上海整体创新动力竞争力出发，发挥各区域的比较优势，协调处理好上海与其他城市、沿海沿江城市与腹地城市、中心城市与中小城市的关系，明确上海城市未来"核"驱动功能定位，强化错位发展，协同推进各大城市群间的一体化发展，形成优势互补、各具特色的协同发展格局。只有上海各区域协同创新体系更加完善，才能使科技创新能力显著增强，引领和支撑国家城市未来发展的核心作用。

9.1.4 促进文化消费，引爆创意经济

上海要不断地培育文化消费理念，积极引导时尚健康的文化消费，加强文化消费供给，不断丰富文化消费品类，发挥文化消费对创意经济增长的拉动作用。可以通过政府购买服务、消费补贴等方式，鼓励文化创意企业优化文化创意产品供给结构，引导文化创意企业围绕形式与内容创意、核心竞争产品、衍生创新产品等环节延伸产业链条，支持文化设施运营单位与文化创作、服务机构合作提供全方位的文化服务，建立充分满足居民个性化、多元化需求的文化消费供给系统。创新服务消费方式，深入推动文化消费，加快推进文化创意产品和服务生产、营销、消费的数字化、网络化进程，培育新的文化消费理念。

9.1.5 落实政策资源，提供保障作用

上海城市未来"核"驱动创新动力体系的建构离不开政府的积极引导，要贯彻落实上海促进其未来的创新动力建设的各项政策意见。根据上海城市

创新动力的特征，加强政策调研，制定完善有利于上海城市未来的创新动力发展的专项政策。例如，落实文化创意领域税收优惠、高新技术企业认定、项目用地、对外贸易、创意人才引进等方面的优惠政策。加强政策的解读和宣传推广，加强政策执行过程中的统筹协调。

我们还应该遵循城市群演进的客观规律，充分发挥市场配置资源的决定性作用，增强城市群转型升级的内生动力，加大各区域文化创意产业的扶持资金投入力度，真正聚焦各区域的特色文化创意产业项目，探索文化创意产业的创新模式。要围绕发挥市场在资源配置中的决定性作用，降低政府对资源配置和微观经济活动的直接干预，建设统一开放、竞争有序的现代市场体系，营造有利于城市创新动力发展的良好环境。总之，要更好发挥政府在空间开发管制、基础设施布局、公共服务供给、体制机制建设等方面的作用，有效提升城市群创新动力发展的质量。

9.2 释放科创中心创新动力，发展科技创新上海

9.2.1 扎根创新理念教育，创造科技文化氛围

创新理念基础教育中的创新学习是从根本上植入创新思想的重要途径。因此，政府应该首先加强一些专业性的创新基础教育机构建设，通过为青少年提供资源及平台，鼓励青少年主导科研相关活动，激发青少年的科研兴趣。大学创新教育应该不再纯粹是受教育和学术研究的场所，而应直接参与社会财富的制造。复旦、交大、同济等传统名校，更应注重发展一些新兴、实用、务实的大学，集中资金、精力发展实用科学和技术开发，注重科技的商业化，增强基础研究和科技创新实力。

政府还应该运用新媒体加强"创新人物""创新成果"等科技创新事迹的宣传力度。重视在居民生活的社区层面进行创新理念的宣传,营造科技文化氛围。政府要加强对目前已有的"众创空间""创新屋""科技博览会"以及各项科技创新基础设施的宣传和利用,鼓励更多人参与到这些活动中来。

9.2.2 提升科技原创创新动力,培育国际技术"领跑者"

上海继续加大科研投入,保证到 2020 年,基础研究经费支出占全社会 R&D 经费支出比例达到 10% 左右。上海还要不断地提升科技原创创新动力的坚定决心,坚持建设具有全球影响力的科创中心。上海还要继续培育若干科学研究领域的国际"领跑者"和未来产业变革核心技术的"贡献者",如脑科学与类脑人工智能、国际人类表型组、干细胞与组织功能修复、纳米科学与微纳制造、材料基因组、合成科学与生物创制、量子材料与量子通信。

9.2.3 引领经济发展新常态,加速科创成果转化

上海能否转变发展方式、推进产业升级,适应、把握和引领新常态,关键是看能否把握全球科技革命和产业变革的大趋势,依靠创新创造新供给和新需求,构建竞争新优势,拓展经济发展新空间。在科研成果的转化机制上,围绕以复旦为中心的东北片区,以上海交大为中心的西南片区、松江大学城片区进行产学研新布局;鼓励企业与合作高校比邻而居,建立合作关系。高校科研人员的科学创新发现可直接与企业洽谈合作转化,学校可通过科学商业化创造和积累财富,再"反哺"用以改善学校办学条件,增强基础研究与科技创新实力。

另外,高校还应积极建设自由创业创新孵化器,可提供创业资金、服务器、律师服务、提供创业导师和人际网络,提供量身定制的培训和专家辅导。可以设立"科技成果转移转化重点专项资金"和"科技成果转化引导基金",统筹上海的相关资源,采取多种方式,支持和引导科研单位探索科技成果转

移转化的创新方式；科技成果主要完成人或者对科技成果转化做出重要贡献的，可以按照促进科技成果转化法的规定获得现金奖励。

9.2.4　助力小微企业，鼓励特色微创新

在企业的发展中由抓大"放"小向抓大"扶"小思路进行转变，通过一些政策实施真正扶持小微企业的发展。建立"小微企业特派员计划"，即选定所资助的小企业，委派特派员作为每一个项目的联络人，包括研究潜在的商业网站、定制清单、开发费用的估计、量身定制的巡视组、能源和水节约策略以及减税等事宜。政府对创新式企业的资本进入门槛也不宜设置过高。实施创新奖券制度，即每家中小企业可单独申请或者通过组成团队向公共科研机构申请一张创新奖券。分配到创新奖券的中小企业需要系统地提出一个研究问题并委托科研机构解决该问题。

9.2.5　政府适度松绑创新管理，开拓群力群策创新渠道

上海政府的强管制和强执行力使上海成为最佳"受托人"，但同时也去除了创新的可能性。政府首先要放松在科技创新方面的管制，应建立政府权力清单制度，即明确规定何为何不为；其次，上海应改变以往仅高层次专家学者和政府官员组织调研，提出决策予以执行的常态。开放相应的网络、电话或部门平台，专门收集某些重要决策的群众意见，鼓励社会各界人士对一些措施举措建言，提出意见甚至质疑。

9.3　再造创意设计创新动力，建设国际创意上海

在上海城市未来的创新动力体系构建过程中，我们应重视创意设计的重

要性，通过不断地创新海派文化、引进创意人才、再造创意思维等有效措施，激活上海的文化内核，重塑上海的文化创新动力价值和创新动力精神。同时，我们还要大力倡导催生新的经济形态，以产业为"体"、产品为"桥"、文化为"魂"，因需制宜、链接市场、引领时尚、亲和大众，以促使创意设计产业蓬勃发展，推进上海创意创新动力城市的建设。

9.3.1 传承海派时尚文化，革新上海文化创新动力

上海要建设成为全球国际创新动力的大都市，如果没有文化这一核心资源，就不可能有国际竞争力。上海应该大力发展时尚产业，铸造"时尚之都"。打造既不失海派特色的时尚文化，又彰显现代时尚风韵的新时尚潮流文化。基于上海的纺织、服装制造业优势，进行产业升级，发展国际化的时尚产业。加强国际时尚文化交流，以中国上海国际艺术节、上海国际电影节、上海国际旅游节、上海电视节、上海国际服装文化节等为重点，打造城市时尚文化名片；培育和引进一批具有时尚行业引领性、集"产业优势、艺术优势、创意优势"于一身的创新动力品牌文化活动；充分借助各国际文化大都市驻沪机构、组织以及上海世博会所搭建的文化联系通道，国际文化大都市之间交流机制，鼓励和引导世界各国政府和文化机构来沪举办大型时尚文化交流活动。

9.3.2 探索"海派文化+"多元模式，重铸城市精神之新创新动力

具有百年历史的海派文化，是上海独特的文化风格，作为近百年来中国对外的窗口，上海融汇了来自世界各地的文化，形成了上海独特的海派文化：时尚、先进、包容。这种多元文化传统是上海城市未来发展的奇妙张力，是上海不可多得的文化优势。故应深入挖掘上海海派文化内涵，增强文化与创意、科技、金融等要素融合的集聚力，把握好文化与其他领域的关系，跨界融合是必然趋势。因此，积极探索"海派文化+金融""海派文化+科技"

"海派文化+创意"的多元融合模式，可以为上海创意城市的发展输入源源不断的动力，为上海城市精神创新动力的建设注入文化新创新动力。

第一，"海派文化+金融"模式。可以从完善文化金融合作机制、拓展文化金融合作渠道和优化文化金融合作环境三方面着手，鼓励银行等金融机构与骨干文化企业深化合作，重在打造文化投融资平台，引导各类社会资本投资文化领域，利用互联网金融模式开辟新型融资渠道，创新文化消费金融产品，发挥金融创新对文化消费的刺激作用，加快创意产业运转。探索艺术金融的产业链条，让其不仅有自己的产品体系，还要有独立的交易平台以及相应的支撑和服务系统，只有建立起相应的产业链条，艺术金融才能按照产业化的理念发展。

第二，"海派文化+科技"模式。"海派文化+科技"要依托先进的云计算、大数据、物联网、虚拟现实等最新科技成果，推动传统海派文化产业与科技融合发展，大力发展和培育动漫游戏、移动媒体、网络电视、虚拟会展、艺术品网络交易等文化科技融合新业态，开发文化科技融合创意衍生产品和服务，不断完善文化创意产业链条。构建文化科技融合承载体系，加快建设海派文化和科技融合示范基地，支持文化科技园、众创空间建设，实施一批文化科技融合重大项目。进一步扩大"核心自主知识产权"和"研究开发活动"认定范围，引导文化创意企业围绕产业发展需要加强研发投入，抢占文化科技制高点。

第三，"海派文化+创意"模式。海派文化可以为创意经济的发展提供不竭动力，搭建广阔的展示平台，实现资源有效利用和价值深度挖掘，是一种绿色资源。上海城市创新动力的发展和海派文化密不可分，这也是创意、创意产业及创意经济发展的必要条件之一，只有这样，城市的发展才会具有旺盛的生命力。上海创意产业的发展在全国处于领先地位，具有在全国首屈一指的文化资源和较好的文化产业基础，但在创意产业发展上仍需要长远和整体规划。明晰创意产业园区的产业功能定位，结合区域特色，融入海派文化，打造园区自身特色，形成"海派文化＋创意"模式，推动上海创意产业的发展，助推上海创意创新动力城市的建设。

总之，上海应营造开放、包容的文化氛围，引入多元文化，在城市创新动力体系构建的过程中，必须把文化建设作为创意城市建设的重要组成部分，以文化作为支撑，最终建设成具有影响力、包容性、先进性的文化创意创新动力城市。上海只有继续坚持"文化兴市、艺术建城"理念，才能将其塑造成国际文化大都市。

9.3.3 疏通创意人才源头，运转上海创新动力引擎

第一，实施领军创意人才引进计划。政府给予雄厚的金融支持，吸引各类创意人才大量汇聚上海，使之成为创意人才成长的新摇篮。可以采取分层次引进核心创意人才，如海外留学归国尖端创意人才、国内优秀创意、创新、创业人才等具体人才引进计划。在实施"引进"策略过程中，应鼓励政府和企业积极构建多元分配制度，设置人才开发专项资金，塑造信任、尊重、包容的企业文化，通过薪酬激励、文化认同、兼职等方式吸引和留住优秀创意人才，以打造人才、机构和大师的集聚之地。

第二，加强创意人才服务体系建设。实施更加开放、灵活的创意人才流动政策，鼓励科研、创意人才到创意企业兼职或创办企业。从解决户籍、住房等基础问题入手加大优秀创意人才的吸引力度。改进海外创意人才居留许可制度。上海应从积极加强城市利便性建设，在改善交通、医疗、教育等基础设施的同时，要打破束缚创意人才发展的制度环境，通过建设公共服务体系，减少住房、医疗、签证、社会保险、子女入学等影响人才流动的制度性、政策性障碍，更为重要的是，要加强对外开放和文化交流，提高对创意人才、创意设想和创意产品的包容精神，创建生态、舒适的居住环境，营造多样、宽容的社会氛围和价值观，打造富有人文气息的城市风格，逐步累积创意性人力资本，为城市创新动力提供源源不断的要素支持。

第三，完善创意人才评价激励机制。政府要重视将创意人才的知识和创意转化为价值与财富，这种倡导可以推动上海创意阶层声望的形成和积累，从而吸引更多创意人才前往上海集聚，最终推动创意阶层的形成。另外，政府要完善自主创新和创意成果转化的激励分配机制，加强对创意人才的激励；完善企业股权激励制度，支持创新团队骨干人员以创意知识、创新技术、创业能力等参与收益分配，启动实施高端人才专项奖励。

9.4 激活生态全要素创新动力，建造共享绿色大上海

上海城市未来的创新动力体系建设，需要政府部门积极结合上海市"十三五"规划，紧紧围绕城市绿色发展和城市生态文明建设的目标，深入研究上海建设"全球创新动力城市"的绿色发展之路。只有如此，上海在建设"全球创新动力城市"的进程中才可能营造绿色、发展、共享的良好生态环境。上海也只有积极发展绿色生态环境，并积极建设"绿色经济"才能提升上海全球城市的创新动力。创造"绿色生态""创新动力共享"的创新动力氛围，可以促进上海创新驱动、转型发展目标的实现，也可以提升上海国际化大都市的城市形象。

9.4.1 坚持绿色生态理念，强化生态管理意识

毋庸置疑，政府是创意创新生态城市建设的主导力量，政府的主要职责是规划好、建设好、管理好城市。上海市政府及相关部门，应该从以下几个方面集中力量做好城市的规划、建设和管理：

第一，上海需要跨越现有约束性土地资源的短板，实现空间结构资源的

有效配置，形成一定辐射能力的城市创新动力和新的增长极，特别是在发挥上海中心城市作用、带动长三角协同发展上要有新举措，与京津冀一体化规划形成呼应。

第二，上海还需提升战略新兴产业合理布局及优化能力，加大供给侧改革力度，满足消费者的时尚创意文化需求。同时，做好人力资本、人力资源与其他要素的科学配置及衔接也尤为重要。

第三，上海要以可持续发展为主题，以城市规划为蓝本，以环境保护为重点，以城市管理为手段，建立政府主导、市场推进、执法监督、公众参与的新机制，积极建设空间、文化、科技、人才、创意五大生态子系统，并使之保持相互协调。

9.4.2　尊重生态规律，发展绿色经济

政府要利用经济学手段，遵循市场规律，制定相关绿色经济政策。通过税、费和环境产权等手段明确人与生态的关系、企业与生态的关系，并配合宣传教育，提高公众和企业的生态意识和契约精神。力争全市碳排放总量与人均碳排放于2025年达到峰值，至2040年碳排放总量较峰值减少15%左右。

上海需要打破各行政区划间的基础设施不可共享的制约，努力构建网络化、多中心、扁平化的基础城市体系。要充分意识并利用各个生态要素间的锚固效应、弹性效应、耦合效应和扩散效应，集中、有序、科学地规划，从小范围试点，调动各方资源，促进公众和企业认识环境的使用价值和生态价值。

政府要从追求近期的直接经济效果转向追求长期的间接经济效果，从追求单一的经济高效率转向追求经济、生态合并的高效率，从追求传统的经济增长方式向追求高科技附加值的创意创新型的增长模式等。这是上海建设全要素生态城市的思想基础。

9.4.3　关注大众生活健康，改善共享生态环境

加强城市景观生态建设。加大力度改善城市交通状况，有效引导市民守

规则的意识，规定或激励整个社会保护和建设生态环境的行为，维护或提倡做文明城市居民的风尚及行为。加大文体设施建设，通过政策调控市场价格，建立和推广市场机制，将安居环境和人文环境建设得更好。

上海要划定生态保护控制线，构建"双环、九廊、十区"多层次、成网络、功能复合的市域生态空间体系。加大海洋、大气、水、土壤环境的保护力度，显著改善环境质量，提高城市水资源、能源供给安全，提升城市抵御自然灾害能力，完善城市防灾减灾体系，保障城市安全运行。把上海建设成"海绵城市"，真正提高水系连通性，提高城市防洪除涝能力，增强地面沉降监测与防治能力。

上海郊区要以 10 片生态保育区和 9 条生态廊道等生态战略保障空间为基底，保护滨江沿海生态岸线和滩涂，推进国家公园以及郊野公园建设。中心城周边地区以外环绿带、近郊绿环和 16 条生态间隔带为锚固，防止主城区进一步蔓延。中心城内加快实施 10 片楔形绿地，结合重要转型地区新增若干100 公顷以上大型公园，加强 13 条滨河绿带建设。

9.4.4　链接各创新动力要素子系统，构建绿色循环创新动力大系统

上海城市未来的创新动力体系构建是一个复杂的系统工程，需要空间创新动力、生态创新动力、科技创新动力、人才创新动力、创意创新动力五大创新动力要素的相互融合与作用，形成一个完整的上海城市创新动力绿色源循环新系统。上海只有打破各要素系统间的基础设施不可共享的制约，努力构建网络化、协同化、循环化的大创新动力体系，才能推动上海城市创新动力充分释放，才能不断地转换城市创新动力思维，才能丰富城市创新动力的文化内涵，才能创新城市创新动力范式，最终才能实现上海城市创新动力不枯竭。因此，促进各创新动力要素子系统间的协作更畅通、高效、可持续，才能实现大各要素系统间的协同作用充分发挥。

参考文献

［1］ Anthopoulos L. , Fitsilis P. , Ziozias C. What is the Source of Smart City Value?: A Business Model Analysis ［M］ // What is the Source of Smart City Value?: A Business Model Analysis, 2016.

［2］ Athey G. , Glossop C. , Harrison B. et al. Innovation and the City: How Innovation has Developed in Five City – regions ［J］ . London: Nesta, 2007.

［3］ Briggs A. Cities in Civilization: Culture, Innovation, and Urban Order ［J］ . English Historical Review, 2001, 116 (465): 155 – 156.

［4］ Burge D. J. The Study of Population Internal Migration ［M］ . University of Chicago Press, 1959: 486 – 509.

［5］ Chris Bilton. Management And Creativity: From Creative Industries to Creative Management ［J］ . John Wiley & Sons, 2007.

［6］ Cooke P. Regional Innovation Systems, Clusters, and the Knowledge Economy ［J］ . Industrial and Corporate Change, 2001, 10.

［7］ Davelaar E. J. , Nijkamp P. Spatial Dispersion of Technological Innovation: A Review ［M］ . Innovative Behaviour in Space and Time, 1997.

［8］ Dvir R. , Pasher E. Innovation Engines for Knowledge Cities: An Innovation Ecology Perspective ［J］ . Journal of Knowledge Management, 2004, 8

(5): 16 – 27.

[9] Edquist C. Systems of Innovation Perspectives and Challenges [J]. African Journal of Science, 2010.

[10] Errichiello L. , Marasco A. Open Service Innovation in Smart Cities: A Framework for Exploring Innovation Networks in the Development of New City Services [J] . Advanced Engineering Forum, 2014 (11): 115 – 124.

[11] Fan C. C. , Scott A. J. Industrial Agglomeration and Development: A Survey of Spatial Economic Issues in East Asia and a Statistical Analysis of Chinese Regions [J] . Economic Geography, 2003, 79 (3): 295 – 319.

[12] Feldman M. P. , Audretsch D. B. Innovation in Cities:: Science – based Diversity, Specialization and Localized Competition [J] . European Economic Review, 1998, 43 (2): 409 – 429.

[13] Flew, Terry. Toward a Cultural Economic Geography of Creative Industries and Urban Development: Introduction to the Special Issue on Creative Industries and Urban Development [J] . The Information Society, 2010, 26 (2): 85 – 91.

[14] Franzel J. M. Urban Government Innovation: Identifying Current Innovations and Factors that Contribute to Their Adoption [J] . Review of Policy Research, 2008, 25 (3): 25.

[15] Freeman C. The "National System of Innovation" in Historical Perspective [J] . Cambridge Journal of Economics, 1995, 19 (1): 5 – 24.

[16] Fritsch, M. Measuring the Quality of Regional Innovation Systems: A Knowledge Production Function Approach [J] . International Regional Science Review, 2002, 25 (1): 86 – 101.

[17] Glaeser E. L. and David C. Maré. Cities and Skills [J] . Journal of Labor Economics, 2001, 19 (2): 316 – 342.

[18] Glaeser G. L. and Resseger M. G. The Complementarity between Cities

and Skills [J] . Journal of Regional Science, 2010, 50 (1): 221 – 244.

[19] Golichenko O. G. The National Innovation System [J] . Problems of Economic Transition, 2016, 58 (5): 463 – 481.

[20] Herberie R. The Causes of the Rural than Migration: A Survey of German Theories, in American [J] . Journal of Sociology, 1938 (43): 932 – 950.

[21] Kerr W. R. What Causes Industry Agglomeration? Evidence from Coagglomeration Patterns [J] . American Economic Review, 2010, 100 (3): 1195 – 1213.

[22] Kontokosta C. E. The Quantified Community and Neighborhood Labs: A Framework for Computational Urban Science and Civic Technology Innovation [J]. Social Science Electronic Publishing, 2015, 23 (4): 1 – 18.

[23] Lin L. , Cao D. The Path Innovation of China's Cities' Digital Management – Based on Digital City Model [C] // International Conference on Internet Technology & Applications, IEEE, 2010.

[24] Linderborg L. , lindkvist L. The Value of Arts and Culture for Regional Development: A Scandinavian Perspective [M] . London and New York: Taylor and Francis, 2013.

[25] Liu D. , Haruna M. The Practice of Urban Renewal Based on Creative Industry: Experience from the Huangjueping Creative Industries in Chongqing – China [J] . Journal of Sustainable Development, 2012, 5 (5) .

[26] Lundvall, Bengtåke, Johnson, Björn, Andersen E. S. , et al. The Economic Geography of Innovation: National Systems of Production, Innovation, and Competence Building [J] . Research Policy, 2007, 31 (2): 213 – 231.

[27] Macleod G. , Goodwin M. Reconstructing an Urban and Regional Political Economy: On the State, Politics, Scale, and Explanation [J] . Political Geography, 1999, 18 (6): 697 – 730.

[28] Malmberg A. , Maskell P. Towards an Explanation of Regional Speciali-

zation and Industry Agglomeration [J]. European Planning Studies, 1997, 5 (1): 25 –41.

[29] Michael D. Mumford. Managing Creative People: Strategies and Tactics for Innovation [J]. Human Resource Management Review, 2000, 10 (3): 313 –351.

[30] Mion G. and Naticchioni P. The Spatial Sorting and Matching of Skills and Firms [J]. Canadian Journal of Economics, 2009, 42 (1): 28 –55.

[31] Mumford L. The Culture of Cities [M]. Harcourt, 1940.

[32] Nelson P. R. National System of Innovation: A Comparative Study [M]. Oxford: Oxford University Press, 1993.

[33] Pumain D. Urban Systems Dynamics, Urban Growth and Scaling Laws: The Question of Ergodicity [M] // Complexity Theories of Cities Have Come of Age, 2012.

[34] Romer P. Endogenous Technological Change [J]. Journal of Political Economy, 1990, 98 (5): S71 – S102.

[35] Romer P. Increasing Returns and Long – Run Growth [J]. Journal of Political Economy, 1986 (94): 1002 – 1007.

[36] Sharif N. Emergence and Development of the National Innovation Systems Concept [J]. Research Policy, 2006, 35 (5): 745 – 766.

[37] Simmie J. Innovation in the High – Tech Knowledge Economy of a Core Metropolitan Region [J]. Journal of Urban Technology, 1998, 5 (2): 79 – 98.

[38] Solow R. M. Technical Change And The Aggregate Production Function [J]. Review of Economics and Statistics, 1957, 39 (3).

[39] Therrien P. City and Innovation: Different Size, Different Strategy [J]. European Planning Studies, 2005, 13 (6): 853 – 877.

[40] Uzawa H. Optimal Growth in a Two – Sector Model of Capital Accumulation [J]. Review of Economic Studies, 1964, 31 (1): 1 – 24.

［41］Warf B. The Regional World：Territorial Development in a Global Economy by Michael Storper ［J］. Economic Geography，1997：76.

［42］Zygiaris S. Smart City Reference Model：Assisting Planners to Conceptualize the Building of Smart City Innovation Ecosystems ［J］. Journal of the Knowledge Economy，2013，4（2）：217 － 231.

［43］鲍枫. 中国文化创意产业集群发展研究 ［D］. 长春：吉林大学，2013.

［44］陈建军，刘月，邹苗苗. 产业协同集聚下的城市生产效率增进——基于融合创新与发展动力转换背景 ［J］. 浙江大学学报（人文社会科学版），2016，46（3）：150 － 163.

［45］陈治平. 影响创意人才集聚的政策因素分析：以上海为案例 ［D］. 上海：上海交通大学，2009.

［46］董慧. 秩序与创新动力——城市文化空间的意义构建 ［J］. 苏州大学学报（哲学社会科学版），2011，32（4）：39 － 46.

［47］段杰. 论创新型城市的演化路径及动力机制——基于自组织视角的探析 ［J］. 甘肃社会科学，2017（5）：221 － 227.

［48］高长春. 创意经济新思维 ［M］. 北京：经济管理出版社，2010：3.

［49］黄天蔚. 文化创意产业集群形成机理研究 ［D］. 武汉：武汉理工大学，2014.

［50］李光玉，高晓溪. 论激发城市空间创新动力的伦理路径 ［J］. 理论月刊，2014（4）：65 － 68.

［51］李靖华，李宗乘，朱岩梅. 世界创新型城市建设模式比较——三个案例及其对上海的启示 ［J］. 中国科技论坛，2013（2）：139 － 146.

［52］李习保. 中国区域创新能力变迁的实证分析：基于创新系统的观点 ［J］. 管理世界，2007（12）：18 － 30 ＋171.

［53］李彦军．精明增长与城市发展：基于城市生命周期的视角［J］．中国地质大学学报（社会科学版），2009，9（1）：68－73.

［54］李永华．基于经济成长性的城市人才创新动力研究综述与展望［J］．管理世界，2006（11）：164－165.

［55］李元元，曾兴雯等．基于创意人才需求偏好的激励模型研究［J］．科技进步与对策，2011（6）：150－153.

［56］李振华．上海市创意阶层休闲消费认同研究［D］．上海：华东师范大学，2008.

［57］理查德·佛罗里达．创意阶层的崛起［M］．司徒爱勤译．北京：中信出版社，2010.

［58］林剑，张向前．我国创意产业国际竞争力研究［J］．商业研究，2013（2）：66.

［59］林剑等．创意人才研究述评［J］．经济问题探索，2012（10）：166.

［60］林云．产业集聚、技术创新与城市经济动力［J］．技术经济，2007（12）：32－36.

［61］刘军．城市人才创新动力评价与实证研究——以深圳为例［J］．中国人力资源开发，2006（1）：4－9.

［62］刘平．英国、日本、韩国创意产业发展举措与启示［J］．社会科学，2009（7）：53－60.

［63］陆晓丽，郭万山．城市经济创新动力的综合评价指标体系［J］．统计与决策，2007，239（6）：77－78.

［64］马池顺，喻金田．创新资源视角的创新型城市内在成长动力研究［J］．软科学，2013，27（4）：23－26.

［65］马海涛，方创琳，王少剑．全球创新型城市的基本特征及其对中国的启示［J］．城市规划学刊，2013（1）.

［66］牛欣，陈向东，张古鹏．典型创新型城市创新特征对比研究［J］．科技进步与对策，2013，30（19）：34-40．

［67］钱紫华，闫小培，王爱民．西方国家文化产业的就业特点［J］．城市问题，2007（9）：89-94．

［68］王国刚．城镇化：中国经济发展方式转变的重心所在［J］．经济研究，2010，45（12）：70-81+148．

［69］王缉慈．创新的空间：企业集群与区域发展［M］．北京：北京大学出版社，2001．

［70］王俊，汤茂林，黄飞飞．创意产业的兴起及其理论研究探析［J］．地理与地理信息科学，2007（5）：67-81．

［71］王丽丽．城市社区管理创新的动力及其作用——一个场域理论视角的分析［J］．城市发展研究，2011，18（2）：128-130．

［72］吴忠泽．科技创新是21世纪城市可持续发展的源泉和动力［J］．中国软科学，2006（9）：13-17．

［73］伊然．上海市规划建设100家智能工厂带动1000家企业智能化转型［J］．工程机械，2017，48（4）：63．

［74］于斌斌．产业结构调整与生产率提升的经济增长效应——基于中国城市动态空间面板模型的分析［J］．中国工业经济，2015（12）：83-98．

［75］袁新敏．文化创意产业的发展脉络与融资困境［J］．求索，2013（8）：253-255．

［76］［英］约翰·霍金斯．创意生态［M］．林海译．北京：北京联合出版公司，2011．

［77］曾光．创意产业城市集聚探析［D］．湘潭：湘潭大学，2007．

［78］詹·法格伯格，戴维·莫利，理查德·纳尔逊．牛津创新手册［M］．柳御林译．北京：知识产权出版社，2009．

［79］张迺英，笪祖秀．我国创意阶层的崛起及构建对策［J］．经济论

坛，2010（11）：143.

［80］张鹏，于伟．金融集聚与城市发展效率的空间交互溢出作用——基于地级及以上城市空间联立方程的实证研究［J］．山西财经大学学报，2019（4）：1－16.

［81］张省，顾新．城市创新系统动力机制研究［J］．科技进步与对策，2012，29（5）：35－39.

［82］赵黎明，冷晓明．城市创新系统［M］．天津：天津大学出版社，2002.

［83］周武．开放传统与上海城市的命运［J］．史林，2003（5）：13－25.

［84］诸大建，黄晓芬．创意城市与大学在城市中的作用［J］．城市规划学刊，2006（1）：28.

［85］左学金，王红霞．大都市创新与人口发展的国际比较——以纽约、东京、伦敦、上海为案例的研究［J］．社会科学，2009（2）：44－52.

［86］2014年北京文化创意产业占GDP比重突破13%［N］．北京日报，2015－03－12.

［87］2014年新闻出版产业分析报告［R］．国家新闻出版广电总局统计公报，2015－07－15.

附录一 上海科创中心建设的创新理念与创新文化调研问卷

尊敬的先生/女士：

您好！非常感谢您抽出宝贵的时间阅读和回答本问卷！这是一份来自上海政府决策项目旨在探索"上海科创中心建设的创新理念与创新文化"的调研问卷。您的一系列看法对我们的研究非常重要，调查结果仅作学术研究之用，我们将对涉及您私人的信息及数据严格保密。衷心感谢您的支持！

第一部分 基本信息

1. 您的性别是：□男　　　　　□女

2. 您的年龄是：□20～30岁　　□31～40岁　　□41～50岁
　　　　　　　　□51～60岁　　□60岁以上

3. 您的学历是：□高中及以下　□大专　　　　□本科
　　　　　　　　□硕士　　　　□博士

4. 您的工作地点为：

□上海（□黄浦　□徐汇　□长宁　□静安　□普陀　□虹口　□杨浦
□闵行　□宝山　□嘉定　□浦东　□金山　□松江　□青浦　□奉贤
□崇明）　□其他省市＿＿＿＿＿＿＿＿＿＿＿＿

5. 您的工作单位为：

□政府机关　　　　　　□企业　　　　　　□高校等科研院所

□中小学校等教育机构　□其他＿＿＿＿＿＿

6. 您就职的企业性质为：

□国有或国有控股企业　□集体所有制企业　□民营或民营控股企业

□外商独资或控股企业　□其他＿＿＿＿＿＿

7. 您就职的企业所在行业为：

□农、林、牧、渔业　　□采矿业　　　　　　□制造业

□电力、热力、燃气及水生产和供应业　　　□教育

□建筑业　　　　　　　□金融业　　　　　　□批发和零售业

□交通运输、仓储和邮政业　　　　　　　　□住宿和餐饮业

□租赁和商务服务业　　□信息传输、软件和信息技术服务业

□房地产业　　　　　　□科学研究和技术服务业

□水利、环境和公共设施管理业　　　　　　□卫生和社会工作

□居民服务、修理和其他服务业　　　　　　□国际组织

□文化、体育和娱乐业　□公共管理、社会保障和社会组织

8. 您在该单位就职时间为：

□3 年以下　　　　　　□3~5 年　　　　　　□6~10 年

□11~15 年　　　　　　□16 年及以上

9. 您在该单位中所担任的职务层级相当于：

□职员　　　　　　　　□业务主管　　　　　□部门经理

□总经理　　　　　　　□董事长

10. 您的职称为：

□无职称　　　　　　　□初级　　　　　　　□中级

□副高级　　　　　　　□正高级

第二部分 请在您赞同的选项前打钩（可多选）

1. 您认为下列哪些属于最重要的创新？（限选三项）

☐新思维 ☐新发明 ☐新描述

☐新工艺 ☐新流程 ☐新品牌

☐新产品

2. 您认为在科技创新中应以什么样的政府管理理念为主？

☐不清楚 ☐事无巨细，负责到底

☐有收有放，抓大放小 ☐放任自由，无为而治

☐都不赞成（其他_____）

3. 您认为在科技创新中应以什么样的企业发展理念为主？

☐不清楚 ☐集中大型企业资源，关键技术突破创新

☐集聚草根企业力量，寻求大众发掘创新

☐打破企业规模界限，联手互助融合创新

☐都不赞成（其他_____）

4. 您认为在科技创新中应以什么样的市场人才理念为主？

☐不清楚 ☐加强高端人才引进

☐重视本土人才发掘 ☐重视内外人才互换流动

☐都不赞成（其他_____）

5. 您认为在科技创新中应以什么样的社会文化理念为主？

☐不清楚 ☐精英创新文化 ☐大众创新文化

☐精英创新文化和大众创新文化的融合

☐都不赞成（其他_____）

6. 您认为目前上海的创新理念和创新文化中存在哪些问题？

☐不清楚 ☐政府管制太强

☐政府支持力度不够 ☐过度依赖大型企业创新

□过度依赖小微企业创新　　□缺乏大小企业联合创新

□缺乏精英文化氛围　　　　□缺乏大众文化氛围

□人才引进缺乏　　　　　　□人才培育乏力

□人才流动性差　　　　　　□城市包容性较低

□工作创业压力较大　　　　□文化上有排外性

□对失败的宽容性差　　　　□创新自由度差

□生活成本过高　　　　　　□其他_____

7. 您认为目前上海的文化中有哪些特质有利于科技创新的发展?

□不清楚　　　　　□契约精神　　　　　□重商文化

□诚信精神　　　　□产权意识　　　　　□精细文化

□务实精神　　　　□其他_____

8. 您了解或者使用过以下哪些上海的科技创新设施或服务?

□无　　　　　　　□众创空间　　　　　□创新屋

□科普画廊　　　　□科普旅游　　　　　□科普资源公共平台

□科普地铁　　　　□科普网站　　　　　□科普作品

□科普教材　　　　□科普专业机构　　　□科普微博、微信、APP

□科普志愿者服务　□其他_____

9. 您了解或参与过哪些上海的科技创新活动?

□无　　　　　　　　　　　　□上海国际青少年科技博览会

□上海国际科普产品博览会　　□上海国际科学与艺术展

□上海国际科技节　　　　　　□其他_____

10. 您所居住的社区有哪些科技创新设施或服务?

□无　　　　　　　　　　　　□社区祖辈课堂

□社区科技数字院线　　　　　□指尖上的老年教育

□科普活动室　　　　　　　　□科普图书室

□其他_____

11. 您认为上海的科创中心建设模式和以下哪种模式较为接近？

□不清楚

□"硅谷模式"，按照以"热带雨林"型创新生态系统为依托充分激发创新创业创新动力

□"纽约模式"，将科技创新与国际大都市全面转型升级相结合

□"伦敦模式"，依托市场机制和优势创新企业自发集聚形成科技创新中心

□"以色列特拉维夫模式"，本土初创企业与跨国公司共同推动科技创新

□"新加坡模式"，政府主导创新和离岸科技创新的典范

第三部分　请对以下描述按照认同程度进行打分（1 分表示不认同，5 分表示非常认同）

1. 您非常清楚上海建设全球科技创新中心的战略规划。

□1　　　　□2　　　　□3　　　　□4　　　　□5

2. 您认为创新理念和创新文化氛围建设对上海科技创新中心战略推进具有重要性作用。

□1　　　　□2　　　　□3　　　　□4　　　　□5

3. 您常常在媒体杂志看到一些破难关、勇创新的先进典型和创新成就的报道。

□1　　　　□2　　　　□3　　　　□4　　　　□5

4. 目前上海对建设全球科技创新中心的宣传力度很强。

□1　　　　□2　　　　□3　　　　□4　　　　□5

5. 这些宣传报道有效提升了您对科技创新重要性的认识。

□1　　　　□2　　　　□3　　　　□4　　　　□5

6. 上海建设全球科技创新中心的前景非常乐观。

☐1　　　　☐2　　　　☐3　　　　☐4　　　　☐5

7. 您参与过上海科技创新中心建设的相关工作（无 = 1，有 = 5）。

☐1　　　　☐2　　　　☐3　　　　☐4　　　　☐5

8. 使用众创空间、创新屋等服务，或参加科技博览会等活动有助于激发您的创新性。

☐1　　　　☐2　　　　☐3　　　　☐4　　　　☐5

9. 上海的整体环境开放包容，具备对国内外创新资源要素的吸引力。

☐1　　　　☐2　　　　☐3　　　　☐4　　　　☐5

10. 上海的工作环境有利于创新活动开展、创新技术应用转化。

☐1　　　　☐2　　　　☐3　　　　☐4　　　　☐5

11. 上海具有鼓励创新、宽容失败的文化环境。

☐1　　　　☐2　　　　☐3　　　　☐4　　　　☐5

12. 上海的生活环境友好、和谐、便捷、高效。

☐1　　　　☐2　　　　☐3　　　　☐4　　　　☐5

13. 上海相比北京、深圳等城市具有更好科技创新发展文化氛围。

☐1　　　　☐2　　　　☐3　　　　☐4　　　　☐5

14. 如果有合适的工作或创业机会，您可能选择离开上海。

☐1　　　　☐2　　　　☐3　　　　☐4　　　　☐5

15. 您常常阅读科技创新类的书籍、报纸或文章。

☐1　　　　☐2　　　　☐3　　　　☐4　　　　☐5

16. 您常常有进一步培训、深造或学习的机会。

☐1　　　　☐2　　　　☐3　　　　☐4　　　　☐5

17. 除去工作时间外，您每天有较多的自我学习时间。

☐1　　　　☐2　　　　☐3　　　　☐4　　　　☐5

18. 您常常参加各类科技创新沙龙或聚会。

☐1　　　　☐2　　　　☐3　　　　☐4　　　　☐5

19. 您有进行发明创造或申请专利的经历（无＝1，有＝5）。

☐1　　　☐2　　　☐3　　　☐4　　　☐5

20. 在工作中，我会主动寻求应用新技术或新方法。

☐1　　　☐2　　　☐3　　　☐4　　　☐5

21. 如果有创新技术支持，您愿意放弃原有工作创业。

☐1　　　☐2　　　☐3　　　☐4　　　☐5

22. 创新是您所在单位文化中的一个重要组成部分。

☐1　　　☐2　　　☐3　　　☐4　　　☐5

23. 您所在单位领导经常在各种场合阐述创新意识的重要性。

☐1　　　☐2　　　☐3　　　☐4　　　☐5

24. 您所在单位已把"创新业绩"列入领导干部考核范畴。

☐1　　　☐2　　　☐3　　　☐4　　　☐5

25. 您所在单位在晋升和提拔时会对发明创造或创新能力进行相关考量。

☐1　　　☐2　　　☐3　　　☐4　　　☐5

26. 您所在单位曾经进行上海科创中心建设思想的传达或系统学习。

☐1　　　☐2　　　☐3　　　☐4　　　☐5

27. 您所在单位已有构建创新文化的长期规划或年度计划。

☐1　　　☐2　　　☐3　　　☐4　　　☐5

28. 您所在的单位已有较全面的激励科技创新的措施。

☐1　　　☐2　　　☐3　　　☐4　　　☐5

29. 当您有非职务发明时，单位会提供资金或技术支持。

☐1　　　☐2　　　☐3　　　☐4　　　☐5

30. 您所在单位在科技创新方面的活动或培训的资金投入较高。

☐1　　　☐2　　　☐3　　　☐4　　　☐5

31. 您所在单位的创新文化氛围非常浓厚。

☐1　　　☐2　　　☐3　　　☐4　　　☐5

32. 您所在社区常常举办各种科技创新活动。

□1　　　　　□2　　　　　□3　　　　　□4　　　　　□5

33. 您所在社区设有创新屋（无 =1，有 =5）。

□1　　　　　□2　　　　　□3　　　　　□4　　　　　□5

34. 您常常使用社区图书室、科普活动室等创新设施。

□1　　　　　□2　　　　　□3　　　　　□4　　　　　□5

（如您的工作单位在外地，请继续完成以下问题）

35. 您认为您现在所在城市的创新氛围比上海好。

□1　　　　　□2　　　　　□3　　　　　□4　　　　　□5

36. 目前上海建设科创中心的相关举措可能吸引你未来到上海发展。

□1　　　　　□2　　　　　□3　　　　　□4　　　　　□5

附录二 上海创意园区创意人才
集聚行为与效应调查问卷

尊敬的先生/女士：

　　您好！

　　感谢您拨冗完成本次调查问卷。本问卷旨在调查了解上海文化创意产业园区吸引各类创意人才集聚的现状及对创意员工带来的影响和效应。问卷目的仅供科研使用，无须署名，不涉及商业机密，我们承诺严格为您保密，最终调查结果也不会泄露于他人。请您根据自身真实情况与想法，在相应的序号上打"√"，衷心感谢您的大力支持！

北京大学政府管理学院

第一部分　基本信息

1. 您的性别：①男　②女

2. 您的地域来源：①上海　②江、浙、皖　③长三角地区以外　④外国人士

3. 您的年龄：①<20 岁　②21～30 岁　③31～40 岁　④41～50 岁　⑤>51 岁

4. 您的学历：①高中及以下　②大专　③大学本科　④硕士　⑤博士

5. 您最后学历毕业的院校属于：

①"985"高校　②"211"院校　③一般本科院校　④大专及以下学校

6. 您的工作年限：

①＜1 年　②1～3 年　③4～6 年　④7～10 年　⑤＞10 年

7. 您在本园区工作的年限：

①＜1 年　②1～3 年　③4～6 年　④7～10 年　⑤＞10 年

8. 您在本企业工作的年限：

①＜1 年　②1～3 年　③4～6 年　④7～10 年　⑤＞10 年

9. 您工作以来调换企业的次数：

①1 次　②2 次　③3 次　④4 次　⑤5 次及以上　⑥无

10. 您目前所在的企业性质是：

①国有/集体　②民营/私有　③"三资"

11. 企业您目前从事的工作类别（性质）：

①创意研发设计　　②创意产品生产制作　　③创意产品营销

④创意管理　　　　⑤中介或经纪人

12. 您目前的职务/岗位：

①高层管理人员（董事长、总裁总经理、副总裁副总经理、总监）

②中层管理人员（部门经理、业务主管）　③基层管理人员/办事人员

④技术人员　⑤技师　⑥其他人员请注明

13. 您目前的职称/技术等级：

①高级职称　②中级职称　③初级职称　④暂无职称　⑤其他

14. 您近两年税后的月收入：

①≤4000 元　②4001～6000 元　③6001～9000 元　④9001～15000 元

⑤15000 元以上

15. 近一年来您的月均开支：

①≤4000 元　②4001～6000 元　③6001～9000 元　④9001～15000 元

⑤15000 元以上

第二部分 集聚行为表现

16. 吸引您来当地工作的原因是（可多选）：

①更高的薪酬福利待遇　　　　　②良好的工作与市场环境

③优良的生活环境与城市公共服务　④上海的经济创新动力与城市地位

⑤对上海城市文化的认同与欣赏　　⑥更多的个人就业机会与成长潜力

⑦婚恋、求学、亲情关系、子女受教育等自身原因

⑧被公司派遣等其他原因（可写出）

17. 您目前的这份工作是通过下列何种渠道获得的？

①经亲戚、朋友、同学、同事等推荐或介绍　②通过公司直接招聘

③通过人才网站、猎头等中介公司　　　　　④自己主动上门应聘

⑤自我创业落户于此　　　　　　　　　　　⑥其他

18. 您与园区内其他员工的关系是：

①只有竞争　②只存在合作　③既有竞争，又有合作　④没有关系

19. 进入园区工作以来，您加入与工作相关的行业协会、社团组织的个数有：

①0 个　　　②1 ~ 2 个　　　③3 ~ 4 个　　　　④5 个及以上

20. 您与园区内其他员工之间发展的朋友圈（群）累计有：

①0 个　　　②1 ~ 3 个　　　③4 ~ 6 个　　　　④6 个以上

21. 下列表格中的问题从 "1" 至 "5" 程度逐渐加强，"5" 表示很好，请您在认为合适的表述后打 "√"。

问题	评价				
	5	4	3	2	1
1. 园区内创意人员的创新意识与氛围	很好	良好	一般	较差	很差
2. 园区创新氛围对促进员工学习成长的作用	很强	较强	一般	较弱	很弱
3. 园区内同行员工之间的竞争	很激烈	较激烈	一般	较弱	很弱

续表

问题	评价				
	5	4	3	2	1
4. 园区内高端（知名）创意人才对其他创意人员的带动作用	很强	较强	一般	较弱	很弱
5. 园区内优秀员工的成长对其他员工的示范作用	很强	较强	一般	较弱	很弱
6. 园区内创意人员之间的交往与互动	很频繁	较频繁	一般	较少	很少
7. 园区内创意人员的社会关系网络	很发达	较发达	一般	不发达	不存在
8. 园区内的知识信息沟通渠道	很顺畅	较顺畅	一般	不发达	没有
9. 创意人员间知识信息共享机制	很完善	较完善	一般	较缺乏	没有
10. 员工流入、流出园区的频率	很频繁	较频繁	一般	较少	很少

第三部分　集聚效应评价

22. 企业与员工在园区内的集聚给您带来了哪些积极影响？可多选。

①薪资水平提高　　　　　②学习与创新能力增强

③创新成果（产出）增多　④知识信息增加

⑤社会关系网络拓展　　　⑥其他

23. 企业与员工在园区内的集聚对您在学习成长方面带来哪些影响？可多选。

①学历提高　　　　　　　②知识信息增加，专业技能提升

③声誉拓展　　　　　　　④创新能力增强

⑤职位（职称）提升　　　⑥其他

24. 企业与员工在园区内的集聚对您在创新成果方面带来何种影响？可多选。

①专利申请量增加　　　　②论文发表量增加

③新产品、新作品增加　　④改进（创新）生产工艺或管理手段

⑤其他

25. 近三年来您收入增加的幅度：

①工作不满三年，无法答　　②没有增加　　③小于 10%

④10%～20%　　　　　⑤20%～50%　　⑥50% 以上

26. 您进入园区工作以来职务升迁的次数为：

①0 次　　②1 次　　③2 次　　④3 次　　⑤4 次及以上

27. 您认为企业与员工在园区内的集聚给园区带来了哪些影响？可多选。

①园区环境、配套条件、管理水平得到改善

②园区人才数量与质量日益优化

③园区整体薪酬水平有所提高

④园区创新能力与创新产出增加

⑤园区知名度提高，品牌效应形成

⑥其他

28. 您对您所在园区的总体满意度：

①很满意　②较满意　③一般　　④不满意　⑤很不满意

29. 您继续留在园区内发展的意愿：

①很强　　②较强　　③一般　　④较弱　　⑤很弱

30. 如果要离开上海，下面哪些因素是您可能的原因？可多选。

①薪酬待遇低于预期　　　　②高生活成本、快节奏的生存压力

③激烈的人才竞争与工作压力　④所在行业市场饱和，消费者需求萎缩

⑤与上海城市文化难以相容　　⑥户籍、教育、购房等制度障碍

⑦城市生存环境日益恶化　　　⑧有更好的去处等其他原因

衷心感谢您的参与和配合！